还是得活在日常里啊

〔日〕是枝裕和 著
曹逸冰 译

南海出版公司

新经典文化股份有限公司
www.readinglife.com
出　品

目　录

序言 / 1

第一章　脱离日常，回归日常 / 3

怀着“必须超越这份剧本”的热情 / 5

第二章　鲜活，激活，呼吸 / 23

对电影没有特别的感情 / 25

观察他人的乐趣 / 36

在这个错综复杂的世界 / 47

不光是演技的水平 / 55

第三章　关于吃，关于老 / 77

从“演个背景”到主演 / 81

小卷卷头、菜刀和栗子 / 85

抽掉骨头，把身体变小 / 90

台词要边动边说　/ 96

第四章　演绎不起眼的寻常人 / 115

《比海更深》中的个人失败 / 117

第五章　邂逅与别离 / 139

“要有一技之长，免得吃不上饭” / 141

揣摩作为艺人的站位 / 146

为了不输给森繁久弥而思考 / 155

与久世光彦在电视上玩耍的时代 / 161

向田邦子作品不再找我了 / 171

扮演老婆婆的诀窍与创意 / 181

加藤治子鉴赏表演的眼力从不动摇 / 186

演员们，还有丈夫们 / 193

第六章　丢“老脸” / 219

“还挺漂亮的嘛”和“真的谢谢” / 222

变成哪种色彩的颜料才能凸显画作之美 / 230

“哇，好大的斑” / 233

悼词 / 257

特约稿：四只眼睛 / 267

结语 / 273

附录：与树木希林合作的作品 / 277

序言

从 2007 年我与树木希林老师初次见面，到她 2018 年离世，我们前前后后打了十二年交道。其间，*SWITCH* 杂志刊登了我们的多次对谈，本书即对谈记录整理而成。在刊登时受种种因素影响不得不删减的部分也尽可能还原了。在此基础上，我一边查阅自己的日程本、摄影日志等资料，一边回忆与希林老师共度的点点滴滴，以及她在电影拍摄现场的言行举止，用我自己的方式进行了一番解读。

希林老师离世已近一年，和她本人、她发表的言论有关的出版物可谓层出不穷。当然，本书也是其中之一，不过我并不希望把这本书写成“人生教诲”之类的东西，而是想尽量聚焦她围绕“表演”这件事说过的话。

我在悼词中也提到，她绝不是传统意义上的“影坛巨星”，而且她本人对这一点也有无比明确的认识。好比今年去世的京町子老师，论参演作品的数量与质量，她才算得上名副其实的“影坛巨星”。

即便如此，为什么还有那么多人关注着希林老师的举手投足呢？为什么大家总忍不住会想起她、聊起她呢？或者说，为什么她的冲击力如此强烈，甚至让人不愿再次想起呢？我想站在自己的角度探寻其中的缘由，便整理出了这本书。

十二年，说长也不长。在她七十五年的人生中，这不过是晚年的一个片段。而且我们的往来全在打造作品的过程中，始终保持着“演员与导演”的距离感。所以她的老友，以及包括为本书撰稿的内田也哉子女士在内的家人，能在多大程度上透过本书感受到她的魅力，我也毫无把握。但我唯一确信的是，将她探讨表演的些许话语整理成文字，并以书籍的形式留存下来，总归是一件很有意义的事情。

下面就请各位读者尽情享受和树木希林在一起的时光吧。

是枝裕和

第一章

脱离日常，回归日常

2008 年 5 月 20 日

于西麻布 épices kaneko

怀着“必须超越这份剧本”的热情

是枝裕和（以下简称“是枝”）我第一次见到希林老师，应该是《步履不停》的初稿刚完成时吧。

树木希林（以下简称“树木”）那次啊，导演您坐在长桌对面，我一个人坐在这头，就跟面试似的。还记得我当时总觉得自己得说点有趣的话，便自顾自说了一堆没什么营养的东西，然后回家去了。

是枝　我本就想请您饰演主人公的母亲，所以从初稿开始就是照着您写的[1]。虽然剧本还没写完，但母亲是核心登场人物之一，我觉得早点让您知道的话，大家心里都能有个底，于是就约了您见面。结果您连剧本都没看，当场就答应了。

树木　我是觉得没必要看。“我想拍这种家庭故事。”“好的，我知道了。”就这么简单。我从来不看自己参演的电影，别人的电影也不看，所以没看过《无人知晓》[2]。明明是那么了不起的作品呢。

但我知道您就是那部电影的导演。至于为什么答应参演《步履不停》，是因为您在《无人知晓》里充分肯定了小 YOU[3] 的那种气场，而且还把它发挥到了极致。所以我觉得，跟您合作肯定没问题，不看剧本也没有任何顾虑。实际看到《步履不停》的完成版剧本，我的第一反应就是"好棒呀"。我得超越它，必须超越这份剧本——满脑子都是这样的念头。

是枝 我是发自内心地感激您。早在立志成为导演之前，我就一直在看您参演的作品了。怎么说呢，一场戏里只要有您出现，画面好像就变得紧凑了，感觉特别棒。只不过，既然要跟您合作，那最好是深度合作，不能只让您演一场戏。话虽如此，我当导演的头十年左右拍的东西要比现在更偏向纪录片，考虑到自己的作品性质和希林老师的表演路线，大概还没到合作的时候……所以我是做好了充分的准备，才邀请您加盟《步履不停》的。我个人觉得我们这次合作进行得很顺畅，以非常理想的形式组合在了一起。

树木 《步履不停》是描写一个夏日的家庭故事，而我以悠木千帆 [4] 的身份首次参演的电视剧也是描写家庭的故事，是 1964 年的《七个孙子》[5]。通过那部作品结识森繁久弥 [6] 老师对我来说非常重要。他非常注重人的生理特质，注重那些能在日常生活中透过皮肤感觉到的东西，会用吃喝、打招呼这种司空见惯的动作来表现"人"——森繁老师将这些展现在我眼前，让我发觉了其中的趣味。我的表演路线就是在那时候定下来的，直到现在，我依然觉得那

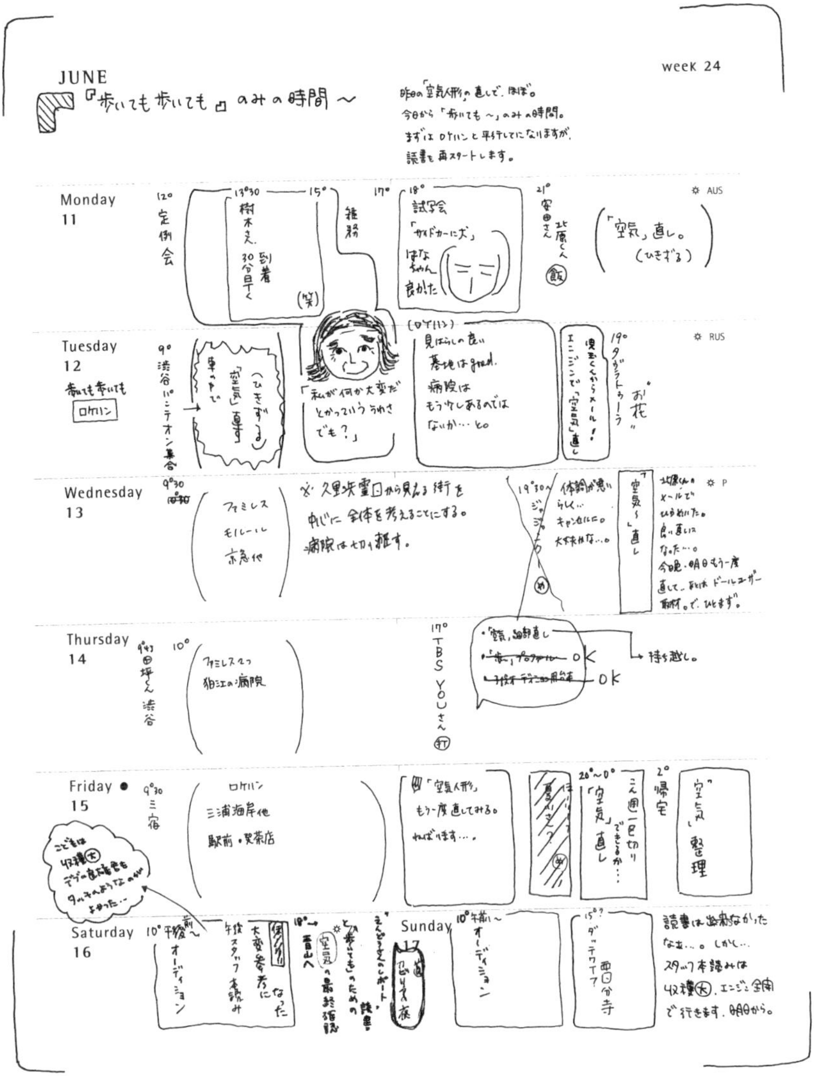

是枝裕和 2007 年的日程本。6 月 11 日（周一）一栏绘有初次见面时的树木希林，还写有她的发言。

JUNE

week 24

专注于《步履不停》的时间～

昨天修改《空气人偶》，基本完成。
从今天开始是专注于《步履不停》的时间。
先重启阅读，
和找外景同步进行。

Monday 11

- 12° 例会
- 13°30 30分钟到达 树木老师提前（笑）
- 15° 杂务
- 17° 18° 试映会《拧斗摩托车里的狗》小花奈好棒
- 21° 安田老师 北原先生 吃饭
- ☼ AUS 修改《空气》。（拖）

Tuesday 12

- 步履不停 找外景
- 9° 涩谷 Pantheon 集合 →（拖）在车里修改《空气》
- "是不是听说我很不好对付呀？"
- （找外景）视野开阔的墓地 good 医院是不是还有更合适的呢……
- 在 ENGINE 修改《空气》
- 儿玉先生来邮件了！
- 19° Tablatura《花》①
- ☼ RUS

Wednesday 13

- 9°30 ~~10°30~~ 家庭餐馆 轻轨 京急等
- 决定以久里浜墓园望出去的街景为中心构思整体。医院先放一放。
- 贾樟柯 19°30～ 据说身体不适……取消 要不要紧啊…… 会面
- 修改《空气》
- 北原君的邮件带来了灵感。做了个不错的改动……今晚、明天再改一次……接着采访人偶使用者，然后就告一段落。

Thursday 14

- 9°45 田坪先生 涩谷
- 10° 家庭餐馆 狛江的医院
- 17° TBS和YOU女士 ○洽谈
- ~~《空气》细节修改~~
- ~~《步》概述~~ ok
- ~~儿童演员试镜用剧本~~ ok
- 待完成。

Friday 15 ●

- 9°30 三宿
- 找外景地 三浦海岸等 站前咖啡厅
- 《空气人偶》试着再改一次。再打磨一会儿……
- 夏川女士 会面
- 20°～0° 修改《空气》吗……
- 本周能告一段落
- 2° 回家
- 整理《空气》

小朋友收获很大 小胖子良太君很像《棒球英豪》里的，感觉很对头……

Saturday 16

- 10°上午～ 试镜
- 下午 工作人员读剧本 很有参考价值
- 18° → 去青山
- 《空气》最终确认
- ZA 为《步履》看书
- 远藤先生的报告
- 卡比利亚之夜 道

Sunday 17

- 10°上午 试镜
- 15°? 性爱娃娃 西国分寺
- 没时间阅读呢……不过……跟工作人员一起读剧本收获很大。火力全开，从明天开始。

① Tablatura 乐队为是枝电影《花之武者》配乐。（编注）

样挺好的。只是那样表演难免会过分把剧本拉到自己的路子上，以至于“自我感觉非常好，可是拍出来一看却一塌糊涂”的情况出现了好几次。

1981年，我迎来了转机，邂逅了早坂晓[7]老师操刀剧本的《梦千代日记》[8]。那是把演员嵌进一个画面的拍摄现场，对于已经获得公众认可的我来说是个好机会。因为想要刻画的东西已经有了，而我必须把自己嵌进去，所以我可以通过这个过程修正自己的演技。要是演技一成不变，我的演员生涯怕是早就结束了吧。

结果修正是修正了，我却开始贪心了（笑），森繁老师教给我的还牢牢记在心里……我觉得这部分应该在拍广告时表现出了一点吧。

是枝　您是从1966年开始在电影里担任背景演员①的，直到在2007年上映的《东京塔：老妈和我，有时还有老爸》[9]中饰演主人公的母亲，几乎没有承担过挑大梁的角色。其中有什么原因吗？

树木　我以前是很不喜欢电影的，因为电影是留得下来的东西。想当年大家也不会给电视录像，放完就没了，这一点很好。可是时代变了，电视节目好像也能留下来了，我觉得好可怕啊。所以我在很长一段时间里懒懒散散，即便参演电影，也只是稍微演一场。

---

① 原文为“チョイ役”。不同于在故事中处于核心位置的主角（主役）与配角（脇役），一般仅作为背景的一部分存在，往往没有角色名。也作“端役”。另见第81页。（编注）

为什么是枝导演这样的人会来邀请我呢？我也一直在琢磨这个问题。想来想去，大概还是因为那场“病”吧。生病没有改变我对电影的态度，却大大改变了我的心态。可能变得稍微谦虚了一点吧。在活法上也是。也许导演是偶然看到了我的这种谦虚的姿态，产生了想要跟我合作看看的念头。

以前，我上过明石家秋刀鱼[10]先生的节目。他说过这么一句话：“希林老师，演艺界讲的不是才能，而是人品吧。”我当时心想：“没想到这样的大腕也会说出这种话来。”但事后客观审视一下自己吧，又觉得好像的确是那么回事。像水一样，进入三角形容器就变成三角形的，进入四方形的就变成四方形，进入圆形的就变成圆形，以纯净的状态进去试试看，这一点大概是很重要的吧。我就是在产生这种想法的时候结识了是枝导演。

回头看看自己的履历，我就不由得想：“哎哟，我好像在一个特别合适的位置着陆了嘛。”女儿（内田也哉子[11]）也说：“妈妈，你好像很走运呢。”所以我是这么回答她的：“因为我人品好呀。”（笑）

是枝　（笑）那我再问一句，您觉得《步履不停》的拍摄现场怎么样？

树木　导演您下达的指示都卡在一条很微妙的线上，“这里就到此为止”啦，“到那里就行”啦。就算过了那条线，作品也不至于垮掉，而正因为点到为止，才能让个人在整体中清清楚楚地浮现。这样的现场是很少见的，所以我觉得很新鲜，感叹这就是“创作者”吧。跟您合作啊，真的很舒服。虽然我一直是那种会被指出“不用做到那个地步”的类型（笑），但是您给的指示都是有正当理由的，所以不会消化不良。

是枝 我想只用日常的事物制作这部片子。用具体的、日常的事物。这里的事物包括行为和台词。比如，“在厨房会发生什么？”“在玄关会生出怎样的故事？”，这些具体的事物、地点与人相交，应该就会使人的个性、情绪等显现出来，所以我想点到为止。拍天妇罗的时候，就只呈现能透过“天妇罗”一物看到的东西。我想拍这种具体的东西，这与希林老师所想的“在日常中感知到的东西”完美契合了。

比如饰演主人公的阿部宽[12]先生带着妻子和继子回到父母家的那场戏，您在玄关说“欢迎欢迎”，双手点地，欠身行礼，但孩子没有穿您摆好的拖鞋就进屋了。见状，您提着拖鞋，弯着腰跟了上去。我并没有在剧本里写“提着拖鞋跟上”，所以您肯定是思考过后才决定这么演的。看到那一幕，我就暗暗感叹：“哇，太厉害了！”拿着没穿的拖鞋跟上，这个动作本身并没有什么特殊的意义，可就是会让人觉得：“啊，这是位母亲啊。”不光是我，摄影的山崎裕[13]老师也说：“那腰弯得太妙了……”看着您的表演，我能够体会到，透过摆拖鞋、剥虾壳这种无意的行为可以看出很多东西。

还有您一边说那肯定是自己去世的长子一边追着黄蝴蝶跑的那场戏，以及提起那个每年来上香的青年，说“我明年后年都要

©2008《步履不停》制作委员会

叫他来”的那场戏，只有这两场稍稍脱离了母亲的日常，但您立刻凭一句“快去泡澡吧”回归了日常。正因为母亲的表现没有太过，迅速回归了日常，做儿子的才格外害怕。我觉得您脱离日常、回归日常的过程都精彩极了。

树木　所以嘛，我那样演都不是碰巧的，可大多数人都看不到呀(笑)。如果是杀人这种特殊的场面，大家肯定会仔细看的。但您看到了寻常场景里的寻常动作，作为演员，我是真的很高兴。那正是我通过家庭剧一点点培养起来的。人是活着的，动着的，没有停着，而是枝导演用心看到了这些，拍摄时也会用心呈现这些。况且，您还这么年轻呢。我当了几十年的演员，却很少遇到这样的导演。有几十年没见过了。也许现在有很多演员对未来不抱希望吧，可您这样的导演还是有的，大家完全可以放心嘛（笑）。作为演员参与《步履不停》的制作是非常幸福的，那是一个能让人安安心心扮演角色的现场。

是枝　多谢夸奖。有一场戏我想问问您，是您一边织东西，一边对儿子说“所以我才叫他来的啊”。工作人员都知道那场戏有多重要，做准备的时候现场也特别安静。然后正式开拍，结束……拍摄的全过程非常平和，是一段很美好的时光。可一看成品，效果是非常好，气氛却也很吓人，负责摄影的山崎老师都说他觉得后背阵阵发冷。而且我们一直对着您的侧脸拍，您都没眨眼。那不是您故意的吧？

树木　完全不是……虽然不是故意的，但我想着死去的儿子，心里都是悔恨，所以心思也没放在织东西上。

是枝　是吧，我就猜是这样。

树木　大概对那位母亲来说，编织是她身为主妇做惯了的事情，闭着眼睛也能做，所以满脑子只想着：“要是儿子那时……”我倒是觉得，那场戏的厉害之处在于您把我喉咙里最后的那一声也剪进去了。我觉得那个场景不该让情绪爆发，所以一直压着，说完台词之后就自然而然咽了口水，喉咙出了一声。那个瞬间被敏锐地拍下了，而且还被用上了。心思这么细的导演，以后肯定不得了啊（笑）。

是枝　我当时就想：“这双眼睛到底在看什么呢？”我知道您肯定不是故意不眨眼睛的，那么位于视线尽头的究竟是什么呢……我一边剪辑，一边琢磨。那场戏真的太精彩了。

其实在拍摄上一部作品《花之武者》[14]的时候，我的母亲住院了，后来在我给电影做最后的润色时去世了。这件事对我造成了很大的冲击，也让我产生了一个念头，那就是不趁这个时候拍摄母亲的故事，我也许就没法往前走了，即使不采用自传的形式也要拍。这是《步履不停》诞生的一大契机。

但是正因为我在不久之前还亲眼看着母亲日渐衰弱，所以才不想把这个过程原原本本地转变成一部作品。守在母亲的床边时，我回想起来的反而都是些具体的、日常的事情。都是些细碎的小事，但都一去不复返了。母亲的背影，握着菜刀的手，还有她说过的刻薄话什么的。我在乎的并不是这些够不够戏剧性，只是希望观众能把它们看成某种无可替代的东西，抱着这样的想法拍了电影。

去大阪出席公映宣传活动时，报社记者还真的问过我："您就没有想过多刻画一点父母走向死亡的过程吗？"电影里，儿子回到父母家，在浴室看到脏了的瓷砖和崭新的扶手。在我个人看来，这个场景已经播下了一颗种子，只要这颗种子还留在观众脑海中，就算我不描写衰老的过程也没问题。因为一开始已经播下了不安的种子，之后看到父母亲表现得再精神，观众还是会有点担心，我觉得这样就够了。

树木　是枝导演的品位就体现在这里呀。瞧瞧现在的电影、电视剧，不都是用"出事了！""又出事了！"堆起来的吗？大家渐渐产生了误会，以为没有这种特别的事件发生就不是电视剧了，就不是电影了，这真的很可怕。我觉得这部作品能让观众重新认识到，人世间就建立在平淡无奇的日常上，而这才是人世间的魅力所在。能够理解这种细腻型作品的观众的确变少了，肯定有人希望剧情朝着更戏剧性的方向发展。不过我觉得吧，经过岁月几十年的考验，再回头来看，这部作品是一定会被留下的。再说了，不朝着这个目标努力，导演不就白拍了吗？

是枝　没错（笑）。我的感想就一句话，真的是很好地完成了工作。导演和演员在怎样的作品中如何相遇，那都是运气。当然，也有"人品"的因素（笑），但我觉得最关键的终究还是运气吧。能在这部作品中与您合作，我真的撞了大运。我发自内心地感激您。

我们对谈的地方是西麻布的一家餐厅，名叫“ épices kaneko”。当时《步履不停》还在做公映相关的宣传活动，两个人面对面交谈还略有些紧张。

我与希林老师初次见面是在对谈的一年前，2007 年 6 月 11 日。地点在广尾，《步履不停》的制片人安田匡裕[15]担任会长的 ENGINE FILM[16]的会议室。当时业界盛传希林老师在不久前拍《东京塔：老妈和我，有时还有老爸》时跟导演起了相当大的冲突。我心想不管怎样，还是尽早碰面为好，于是便约见了她。

希林老师比我们约定的时间早到了足足三十分钟。她是从自家走来广尾的，说半路上绕去了光林寺（她去世后就安葬在那里）。接着，她从包里掏出在寺院旁边的花正肉铺买的红薯干摆在桌上，乐呵呵地环视手忙脚乱的工作人员，说了这么一句话：“离开机还有好一阵子呢，这么早就约我过来，是不是听说我很不好对付呀？”看来我们那点小心思都被她看透了。

我们对谈的餐厅是一栋现代风格的清水混凝土建筑。听说希林老师曾把它用作住宅兼办公室，跟家人一起住在那里。对谈结束时，主厨也出来跟我们打招呼了。希林老师笑道：“我现在还是这里的房东呢，您有空也来捧捧场吧。”在那次对谈之后，她带我去那家餐厅吃过好几次。餐厅的屋顶种着蔬菜，用来和鸡胗拌成沙拉特别好吃，记得希林老师也赞不绝口。

她会一边吃，一边问我“那个你看了没？”，跟我讨论起最近的电视剧和电影，还有 wide show① 报道的艺人丑闻，直截了当的点评总让我拍案叫绝，而且都是些电视上的评论员绝不会说出口的话。希林老师发表过这样的见解：“我跟你说啊，艺人的器量就体现在处理丑闻的方式上，所以一听到主持人打断记者说‘请不要问那样的问题’，就该大呼可惜嘛……”我尤其喜欢听她聊一些当下连提都提不得的话题，比如假发、同性恋、整容、离婚赡养费和房产。愉快的“闲聊”中，还会突然插进关于森繁久弥老师和渥美清[17]老师（这篇对谈中也有提及二位），还有由利徹[18]老师、三木则平[19]老师等人的回忆。“我说你啊……”她会一人分饰两角，把森繁老师略带鼻音的说话方式模仿得惟妙惟肖（早知道就该录下来的……）。事后想起来，每一刻都是那么回味无穷。

有一次，我们约好一起去吃饭。她提出“我开车去接你吧”，让我特别过意不去。就跟初次见面时一样，不等我收拾好，她就按了我家公寓的门铃，一个人坐电梯上楼来了。我一时反应不及，便问：“您进屋喝杯茶？”她说：“不用不用。”然后站在玄关口扫视了一下屋里的情况，很快便出去了。半路上，她在车里问道：“你家那套房子大概是 ××× 万买的吧？”猜得分毫不差。“那房子以后可卖不出好价钱哦，大概要打个七折吧……”原来她早到是为了在公寓楼周围走走看看，好确认地段评估房价啊。她似乎经常这么干。市川昆[20]导演去世时，她也登门吊唁了，说“我家

① 一种日本特有的资讯节目，氛围往往较为轻松。（编注）

住得近”。我问：“咦？您演过他的作品吗？”“没有啦，”她抿嘴一笑，“我每次路过他家门口，都觉得那栋房子很好看，早就想进屋瞧瞧了呢。”真是一刻都大意不得。

大概三年后，我把那套房子卖了。卖价果真如希林老师所料，相当于买价的七折。

原书注释

[1] —— **照着您写的（アテ書き）**
即“照着演员写剧本”。指编剧在设想好演员的前提下刻画登场人物。

[2] —— **《无人知晓》**
是枝裕和的第四部电影，2004 年 8 月上映。是枝裕和根据 1988 年的巢鸭儿童遗弃事件撰写原创剧本，并亲自执导。主演柳乐优弥凭借此片成为戛纳国际电影节史上最年轻的最佳男演员，也是第一位获得该奖项的日本人。北浦爱、木村飞影、清水萌萌子、韩英惠、YOU 等参演。

[3] —— **YOU**
电视艺人（タレント）、演员、歌手。1964 年生于东京都。早期从事模特、音乐工作，之后活跃在综艺节目、电视剧、电影等众多领域。参演的是枝作品有电影《无人知晓》《步履不停》和电视剧《回我的家》。

[4] —— **悠木千帆**
树木希林使用过的艺名。1961 年成为文学座附属戏剧研究所第一期生，后以“悠木千帆”的名义作为演员开展活动。“悠木”（音同“勇气”）为其父所取，因为“闯荡演艺界需要‘勇气’”，“千帆”则取自版画家前川千帆。在 1977 年播出的朝日电视台创立纪念节目的拍卖环节中，悠木千帆以“没有东西可卖”为由，把自己的艺名贡献出来拍卖，最终由东京青山的精品店店主拍下，成交价四十万日元（2004 年，店主将这个名字无偿转让给女演员山田和叶）。转让艺名后也考虑过改用本名“内田启子”，但最终决定更名为“树木希林”，意为“树木汇成稀奇的林子：集众人之力创造新事物”。

[5] —— **《七个孙子》**
TBS“National 剧场”先于 1964 年，又于 1965 年至 1966 年播出的家庭电视剧。围绕森繁久弥饰演的生于明治的祖父，讲述了包含生于大正的父母以及七个孙子的故事。编剧向田邦子和导演久世光彦的成名作。

[6] —— **森繁久弥**
演员。1913 年生于大阪府。从早稻田大学退学后，作为 NHK 播音员赴伪满洲国上任。回国后，因出演舞台剧与广播节目成为受人瞩目的喜剧演员。代表作有电影“社长”系列、“站前”系列、《夫妇善哉》，电视剧《七个孙子》《日本萝卜的花》《老爹的胡子》等。2009 年去世。

[7] —— **早坂晓**
小说家、编剧。1929年生于爱媛县。曾任报社总编，后以花道评论家的身份活跃，同时开始创作电视剧本。作为企划作家参与了日本电视台“纪实剧场”的全部作品。代表作有《七刑警》《天下御免》《梦千代日记》《花遍路》，以及“必杀”系列等。2017年去世。

[8] —— **《梦千代日记》**
NHK“电视剧人间百态”分别于1981年（共五集）、1982年（共五集）和1984年（共十集）播出的三部曲。吉永小百合饰演艺伎置屋“春屋”的老板娘，树木希林饰演半老艺伎菊奴。1985年改编为电影时，仅有树木希林继续饰演同一角色。

[9] —— **《东京塔：老妈和我，有时还有老爸》**
根据利利·弗兰克同名小说改编的电影，2007年4月上映。小田切让饰演主人公“我”，树木希林饰演“老妈”，树木希林的女儿内田也哉子饰演“年轻时的老妈”，小林薰饰演“老爸”。

[10] —— **明石家秋刀鱼**
搞笑艺人、主持人。1955年生于奈良县。立志成为落语家，在师父的建议下改行成为搞笑艺人。树木希林做客的节目是他的《秋刀鱼饭》，曾先后两次出场。与出演是枝作品《海街日记》的女演员大竹忍在1988年到1992年有过一段婚姻。

[11] —— **内田也哉子**
散文家、歌手、演员。1976年生于东京都。音乐人内田裕也与演员树木希林之女。丈夫是演员本木雅弘。长女伽罗参演了是枝作品《奇迹》。在电影《东京塔：老妈和我，有时还有老爸》和《记我的母亲》中均饰演年轻时的树木希林一角。

[12] —— **阿部宽**
演员、模特。1964年生于神奈川县。作为模特活跃后，于1987年通过电影《窈窕淑女》作为演员出道。1993年凭借舞台剧《热海杀人事件：蒙特卡洛幻影》转型为实力派演员。代表作有电影“圈套剧场版”系列、《自虐之诗》《青鸟》、“剧场版·新参者”系列、《罗马浴场》，电视剧“圈套”系列、《住家老爸》《不能结婚的男人》《新参者》《下町火箭》等。主演的是枝作品有电影《步履不停》《比海更深》，电视剧《回我的家》，角色名均为“良多”。

[13] —— **山崎裕**
摄影导演。1940 年生于东京。从日本大学艺术学部毕业后，于 1965 年通过纪录电影《肉笔浮世绘的发现》作为摄影师出道。在参与制作大量电视纪录片、纪录电影的同时，负责各种电影的摄影工作。负责摄影的是枝作品有《下一站，天国》《距离》《无人知晓》《花之武者》《步履不停》《奇迹》《比海更深》。2010 年执导《性躯干》。

[14] —— **《花之武者》**
是枝裕和的第五部电影，2006 年 6 月上映。讲述为报仇来到江户的年轻武士在人情味十足的长屋生活中摸索"不报仇的人生"。取材于落语和四十七士的原创作品，冈田准一主演，宫泽理惠、古田新太、田畑智子、香川照之等参演。

[15] —— **安田匡裕**
电影与广告制片人、导演。1943 年生于兵库县。从明治大学毕业后入职电通映画社。作为导演参与各种电视广告的企划和制作。1987 年创立制作公司 ENGINE FILM。制作广告的同时，在相米慎二导演的作品《请到东京上空来》中首次担任制片人。1999 年担任是枝《下一站，天国》的制片工作，直到《空气人偶》前均负责其作品的企划制作。2009 年去世。

[16] —— ENGINE FILM
1987 年创立的制作公司，主要制作电视广告。积极进军电影界，参与企划制作的作品达二十四部。

[17] —— **渥美清**
喜剧人（コメディアン）、演员。1928 年生于东京。入学中央大学经济学部后进入巡演剧团，走上喜剧演员之路。1956 年首次参演电视剧，1958 年凭《阿寅阿姨大昌隆》作为电影演员出道。代表作有《砂之器》《幸福的黄手帕》《八墓村》等。1969 年至 1997 年在四十九部《寅次郎的故事》系列作品中饰演主人公寅次郎，受到全国观众的喜爱。1996 年去世。

[18] —— **由利徹**
喜剧演员。1921 年生于宫城县。1942 年加入红磨坊新宿座。1956 年与南利明、八波武斗志结成"脱线三人组"。参演大量影视作品，包括《时间到啦》《寺内贯太郎一家》。1999 年去世。在是枝裕和的第二部电影《下一站，天国》中作为讲述

回忆的死者之一参演，而这部电影也成了他的遗作。

[19] —— **三木则平**

演员、戏剧导演、喜剧人。1924年生于东京。曾加入俳优座等剧团，后加入三木鸡郎合唱团，目标是成为喜剧人。1956年首次主演电影《则平的三等亭主》。之后凭借与森繁久弥合作的“社长”系列和“站前”系列收获大量人气。桃屋在电视广告中使用的卡通形象以他为原型、由他亲自配音，广为人知。1999年去世。

[20] —— **市川昆**

电影导演。1915年生于三重县。年轻时入职京都的J.O.工作室（日后的东宝京都摄影所），担任动画师。之后改行成为实景真人电影的副导演。1948年凭借影片《花开》作为导演出道。1955年转投日活旗下，发表作品《缅甸竖琴》。1965年担任纪录片《东京奥林匹克》的总导演。代表作有电影《炎上》《键》《野火》《弟弟》《股旅》《幸福》《细雪》《阿婀》《四十七人刺客》，以及“金田一耕助”系列等。2008年去世。

第二章

鲜活，激活，呼吸

2015 年 4 月 15 日

于涩谷树木希林邸

©2015 吉田秋生・小学馆 / 富士电视台、小学馆、东宝、GAGA

对电影没有特别的感情①

是枝 在《海街日记》中，您饰演了主人公三姐妹幸、佳乃、千佳的姨姥姥菊池史代。回顾拍摄的过程，有什么让您印象深刻的片段吗?

树木 我的角色姓菊池啊?

是枝 （笑）您不知道啊?

树木 不知道呀，我只当自己演的是“大船的姨妈”。哦，原来那个角色姓菊池。我就记得拍摄的时候正值盛夏，热得要命，其他的都记不太清了。

是枝 有一件事倒是让我印象深刻。您主动提出，无论如何都想对自己的外甥女，也就是三姐妹的母亲（大竹忍[1]饰）说这么一句台词——“他（你老公）跟别的女人跑了，你也有错。”

---

① 从本章开始，树木希林不再用敬语，因此对是枝裕和的称呼改用“你”。（译注。本书脚注除特殊说明外，均为译注。）

树木 对对。

是枝 于是我们急忙添加了这句台词。

树木 那是因为我看着大竹女士吧，总觉得加这么一句会比较合适……我好像莫名其妙招她喜欢，就趁机在现场刨根问底了一番，比如（明石家）秋刀鱼先生的事情啦，野田（秀树）[2] 先生的事情啦（笑）。私生活跟演艺事业是两回事嘛，所以我不会否定她的人生选择，但终究是理解不了的，所以我明确告诉她，“我不想在个人层面跟你打交道”。结果她跟《SUNDAY每日》的阿木燿子[3]对谈的时候感叹了一句“希林老师这么说我呢”，人家就说：“哎哟，希林老师好过分哦！”这段都登出来了。不过她这方面啊，我也是很喜欢的（笑）。

我饰演的那个姨姥姥不是还对三姐妹说了这么一句台词吗——“那孩子可是破坏了你们家庭的人的女儿啊！”① 我觉得安排跟这句相呼应的台词大概会比较好。因为在我的价值观里，好坏先撇开不谈，做人就该把事实一件件摆出来。

比方说大家口中的“小老婆”，我总觉得她们已经失去了魅力，因为她们能满不在乎地告诉别人，自己跟有家室的男人发展出了那种关系，这是多么无趣。明明心怀愧疚的感觉更有魅力啊。对我来说，妻子和情妇本身并没有谁好谁坏，但是对于那些做妻子的，我心里还是会想，“谁让你是那种会让丈夫出去找女人的妻子呢，没办法啊”。可是做情妇的要是高声宣布“我碰巧爱上了有

① 电影中是单独对大姐说的。

家庭的人”，那我就会觉得，哎哟，你的人生可真无趣。这就跟《海街日记》里三姐妹收留异母妹妹的情节有了交集。如果是大船姨妈，就会强调“那孩子是无辜的，但你们千万别忘了，她背负着那样的过去啊”。无论是个怎样的孩子或者大人，“假装什么也没发生过”都会让他的人生变得无趣，这就是那句台词的含义。

芥川比吕志[4]老师也说过，“人啊，无论男女，只要比自己所处的时代稍稍老派一点，都会更有魅力”。我觉得人的魅力，就在于稍稍后退的那一步。从这个角度看，那句台词是对三姐妹和异母妹妹传达了这样一层意思：“希望你们在肩负起过去的事实的前提下，活出精彩的人生。”

是枝　我觉得您这样思虑让作品更有深度了。

树木　没有，别看我刚才说得挺像那么回事的，其实我没有那么喜欢演戏啦（笑）。也不爱看电影。

是枝　您可是各种导演都想拍的演员啊。

树木　谁要拍我呀，山田洋次[5]导演才不会找我呢。

是枝　（笑）比如向田邦子[6]老师的《宛如阿修罗》[7]跟《海街日记》一样，讲的也是四姐妹的故事。如果有人请您扮演四姐妹的母亲，您会不会有什么特别的感慨呢？

树木　电视剧版是深町幸男[8]导演拍的吧？主演是加藤治子[9]老师。她演得很有感觉，妩媚极了。我觉得加藤老师是向田作品不可或缺的演员。

是枝　拍《宛如阿修罗》的是和田勉[10]导演，不是深町导演。

树木 啊，是和田导演呀。

是枝 您跟深町导演合作过好几次呢。您是不是很喜欢他呀？

树木 我跟他第一次见面是拍《梦千代日记》的时候。编剧早坂晓老师给他的剧本就只有一张稿纸。可深町导演愣是用那一张纸拍了出来，所以我就觉得他是个能力很强的人。毕竟剧本只有一张纸嘛，拍外景的时候啊，他就净拍风景，零下四度的户外风景。后面都是在NHK的摄影棚里拍的①。天知道他付出了多少努力……

业界对深町导演的评价当然是很高的，但他在指导演员的时候，还是会……比较克制。他完全可以直接说“那里这样来吧”，却总是恭恭敬敬地，比如“您这样走出来”“您那样走过来”“您在这个时候回头”什么的。完全可以更随便一点嘛。说着说着，大概他自己也觉得恼火，便会突然爆发（笑）。不过我能真真切切感觉到，他是发自内心地热爱戏剧表演。我也觉得是深町导演和早坂老师联手缔造了NHK的黄金时代。

话说回来，其实我没看过和田版的《宛如阿修罗》，只是碰巧看到了电视上放的精选片段，不由得感叹：“哎哟，加藤老师演得真棒！”那就是举手投足间的气场吧，看一眼都能感觉到。

是枝 我有时候也会想，如果让我来拍《宛如阿修罗》的话要请谁来演。当然这事还完全没有具体的构想，不过要是有机会用向田邦子老师的剧本拍您，那我还真想挑战一下呢。

树木 呀，那我可真是受宠若惊了。其实我见过向田老师的母亲，

---

① 实际拍摄于东映京都摄影所。（编注）

也去过她们家做客，还养过向田老师送给我的猫，交情挺深的。但是在作品层面，我或许是在《寺内贯太郎一家》[11]之后就跟她诀别了吧。怎么就诀别了呢？我现在可没有跟人诀别的劲头了，没有那个气力啊。再加上我也渐渐能品出别人的优点了。

是枝 您为什么会跟向田老师诀别呢？

树木 说诀别可能不太贴切吧。因为在《寺内贯太郎一家》之后，她得了癌症，开始写高水平的散文，走向了更偏文学作品的方向。我演的却还是《穆》[12]《穆一族》[13]这种傻傻的东西。而且我跟久世光彦[14]导演绝交[15]了，就再没跟她合作过。久世导演是跟向田老师合作的，那我当然不会参与了，不会掺和进去的。于是我就去了《梦千代日记》那边。

最介意我跟久世导演决裂的其实是森繁老师。还记得他幽幽地问过我："希林呀，你就不跟久世导演一起工作了吗？"那是我重新开始跟久世导演合作之前的事情了。我是很喜欢森繁老师的，大家也都喜欢他，他也喜欢着我们每一个人。所以看到我跟久世导演迟迟不和好，他心里大概很不是滋味。不过那种状态要是持续下去，总有一天会累垮的，最后以不堪的姿态收场。

是枝 您重新开始跟久世导演合作的作品是《小少爷》[16]吧？

树木 应该是吧。

是枝 一查这部作品，就会看到"树木希林与久世导演的和解之作"之类的说法。

树木 可我完全不记得自己有跟他"和解"啊（笑）。

是枝　（笑）可是在那之后，您又跟久世导演合作了好几部作品呢。

树木　嗯。不过我们虽然又开始合作了，可向田老师已经不在了，两个人也都没了当年的神采。有点吃老本的感觉吧。所以照理说，他早就用不着我这个老婆子啦（笑）。

从这个角度看，我很庆幸自己能结识是枝导演。对于认识你之前拍的《东京塔：老妈和我，有时还有老爸》，我是非常惭愧的。美术人员也都那么努力，我却辜负了大家的一片心血，心底里一直有个疙瘩。我是太无知了啊，无知。太不了解电影这个东西了。我丈夫（内田裕也[17]）也常说，"你不是最近才开始演电影的吗？摆什么架子啊"。可我明明没有摆架子啊……欸，可能是摆过吧（笑）。反正对电影没有特殊感情导致了我的无知，而这种无知在《东京塔》中原形毕露，让我不由得感慨早知如此就该多看点电影，就该多了解了解电影的。正因为心里有这份愧疚，结识你之后我才松了口气。

是枝　在*SWITCH*的《东京塔》特辑[18]中，采访者问起了您饰演的主人公的母亲，您当时是这么回答的：

"我有种'活着的时候应该更加好好活'的感觉。因为我觉得，只有这样，死的时候才会有更多的'怀念'吧。如果不能把她怎么活着的好好表现出来，死的时候就没法传达了呀。"

这是我僭越了，不过我想说看完那部电影之后，我也有同样的感觉。这与我的个人经历也有关系，毕竟自己母亲渐渐衰弱、走向死亡的样子，我眼睁睁地看了一年，这给我的震撼是非常强烈的。要是不把她身体还硬朗时的回忆写下来，我甚至会觉得痛苦。那段经历也成了《步履不停》的原点。

树木 我大概是想在那部作品中好好活着的，可惜没怎么拍出来呢。只怪我实力不够，没法毫不费力地塑造出那个滑稽又悲哀的角色，也没有能力把包括导演在内的一切都扛起来。只怪自己没出息啊。正因为我脑子里一直有这样一份反省，在之后作品中的表现才稍微好了一点吧。

很久以前，久世导演跟我聊起过这样一个问题："你能在家庭剧里真的死去吗？"比方说在电视剧里，有个澡堂杂工[19]死了，世人会为他哀叹"那个人昨天死了呢"，活成这样才行。在剧里活得魅力四射，人们就会在角色死后产生丧失感。这样，就说明这部家庭剧取得了成功吧。我也觉得他的这番话很对。无论是电视剧还是电影，其实都能归结于两句话，"你要活成什么样？"和"你活成了什么样？"。只是拍摄的时候，光背台词就够费劲了，几乎记不得这茬（笑），不过我觉得这就是演员的基本功吧。

是枝 我也有同感。在作品中是怎么好好活着的、是怎么生活的，真的非常重要。

树木 能真切感受到这些，并且把它们都拍出来的人实在很少。

是枝 大概导演也是光拍台词就累得够呛，顾不上其他了。

树木 或许演员和导演双方做到这一步的次数越多，拍出来的电影就越好吧……

是枝 您总会让自己一边做些什么事，一边说台词呢。不是只为了说台词而待在那里，而是在做某件事的时候顺便说台词。我觉得这还是挺难做到的。在这次的《海街日记》里，我也有意识地要求四姐妹这么演。大家都表现得特别好，一边大口大口吃饭，一边说台词……我总觉得在最近的影视作品中，尤其是在电视剧的世界里，已经很少有人要求演员这样表演了，大家都在一味追求清晰的台词，这真的很可惜。

树木　是啊。演员也不应该只顾胸部以上，拉远了拍动起来才好，可现在大家都很少提这种要求了呢。好在还有你这样关注这方面的导演，接下来的二十年里，应该会涌现出一批高水平的演员吧……希望如此（笑）。

说起来，《海街》的成品怎么样呀？我女儿好像看到了广告，也可能是镜头集锦吧，说“果然拍成了让人想看的作品”。

是枝　（笑）多谢夸奖。请容我自卖自夸一下，这次应该会让人产生“想要一直看着这四姐妹”的念头吧。

树木　也就是说，每个人物在电影里都是鲜活的吧。那我就可以稍微放心一点了。

希林老师和大竹老师同框的第一场戏拍的是在极乐寺取景的法事。寺院的住持是绫濑遥[20]女士的粉丝，专门为剧组准备了一间通风很好的屋子。于是我将她们二位带到那间屋子，准备大致讲讲当天的拍摄安排。谁知希林老师趁着我低头看剧本的空当，突然抛出一个不得了的问题：

“哎，我问你，服部（晴治）[21]、秋刀鱼和野田这三个男人，你最喜欢谁啊？……”

大竹老师语气如常，笑着回答：“哎呀，这哪说得清楚呢，排不出次序啦。”我暗暗捏了把汗，真不知自己该留下还是撤退，连屁股都不敢放下，那叫一个手忙脚乱。见我不知所措，希林老师便说：“导演啊，你那么忙，不用陪着我们啦。”我担心大竹老师被问得一气之下撂挑子走人，却也产生了几分出于兴趣的好奇心，想要听听她会回答哪一位。不过到头来，我还是依依不舍地离席了。

《海街日记》是我与希林老师合作的第四部电影。

拍摄她跟绫濑遥女士一起吃牡丹饼的那场戏时，她一坐下便转向人家问道：“你整张脸都没动过刀子吗？”“嗯，目前是的。”“欸，是嘛，真不错呀。”“多谢夸奖。”绫濑女士用爽朗的笑容接下了希林老师那带有几分粗暴的视线和话语。“你这张脸……大家都说你长得像谁呀？”“这个嘛，唔，有人说我像奈良那边的佛像……”“佛像？”“啊……般若！有人说我长得像般若！”“般若啊……”

这段对话可谓险象环生，稍有差池，两位恐怕就没法一起拍戏了，但绫濑女士非但没有逃避任何一个问题，还把它们稳稳地接下，再抛回给希林老师。希林老师大概也是被她的人品打动了，拍摄结束时，一反常态地夸道：“我说你……长得美才是一等一的才能呀。”然而，并不是每个人都能做出跟绫濑女士一样的反应。

一听到“树木希林”这个名字就说不出话来，眼神飘忽不定，或是抬头望天的演员与导演，加起来应该比希林老师“这辈子都不想再见到”的人多得多。

对谈中提到的深町幸男导演，还有千本福子[22]导演、铃木清顺[23]导演……如果希林老师觉得自己与他们的邂逅是某种缘分，体会到了某种恩情，就会长期参演他们的作品，那种态度甚至可以用“耿直”来形容。但她有时也会出于种种原因与合作过的人分道扬镳，向田老师、久世导演就是例子。虽然我多少有些自信，感觉自己通过首次合作的《步履不停》赢得了她的信任，但新的作品终究是一场新的比拼，这一点是不会变的。我心里总有些许担忧，总感觉要是拿出安于“关系”与“信赖”的态度来，不知道她什么时候就会撂下一句“这是我最后一次跟这个导演合作”。希林老师就是这样一个严于律己、也严于律人的人。

其实大竹老师和希林老师已经在千本福子导演的电视剧里合作过好几次了。只是因为这些电视剧没有出过DVD，所以不太有机会重温，很多甚至没被收录进作品年表，比如1988年播出的电视剧《明日：1945年8月8日，长崎》[24]。它是为纪念日本电视台开设三十五周年制作的特别节目，剧本出自市川森一[25]之手，导演为千本福子。故事聚焦于美军在长崎投下原子弹的前一天，描写了普通老百姓的生活。希林老师饰演临盆在即的大竹老师的母亲。那年大竹老师三十一岁，希林老师四十五岁。

希林老师一边麻利地照顾孕妇，一边把蚊香挪去走廊，把汗水浸透的浴衣洗好晾上，一刻不停，到处走动，同时还说着台词。剧情发展到中间阶段，有一场戏是全家出动，到玄关口恭送小女儿婚礼的摄影师。明明是个司空见惯的寻常场景，希林老师却独自从镜头前大胆穿过，巧妙地由左移向右，然后在身体三分之一处于画面外的情况下，表演了急急忙忙套上玄关的鞋、发现左右颠倒后换回来的状态。在这部作品中，希林老师展现了各种意义上都堪称精彩的动作，简直跟运动员似的，这一幕尤其令人叫绝。

此后，镜头切换到正面，捕捉了大家恭送客人的表情，而希林老师在换好鞋之前一直保持背对镜头的姿势。恐怕千本导演也很满意这段大胆的动作，所以才会保留下来吧。如果一位导演能像这样看着她的表演，她就会做出继续参演的判断，这就是个典型的例子。

希林老师很少提起与大竹老师同框的作品。“作为演员嘛，那肯定是……”她总是说到这儿就打住，然后话锋一转，聊起wide show会关注的那种话题。我觉得她对大竹老师好像抱有某种自卑情结。这种情结针对的是十多岁时就以女主角身份挑大梁，一直处于电影和电视剧正中央的存在。但它不同于嫉妒。无论愿意与否，自己都走过了和她不同的人生。对此，她并没有后悔。只是她很清楚，自己不属于“那一边”，后退了一步。虽然希林老师没有明确说过，但我个人觉得，大竹老师、田中裕子[26]老师对她而言大概就是那样的存在吧。

在极乐寺顺利拍完法事那场戏之后，两位女演员互相挥手道别，气氛友好。临别时，大竹老师主动说："我们交换一下手机号嘛。"希林老师却回答："才不要呢，干吗非告诉你不可呀？"

"欸，不是可以约个饭嘛……""我才不会跟你约饭呢。""欸，为什么呀？""因为我不想喜欢上你啊。"

单看文字，大家肯定会觉得两人闹掰了，殊不知这是一段会让旁观者忍俊不禁的对话，我都想找个机会写进剧本里了。不是"因为我讨厌你啊"，而是"因为我不想喜欢上你啊"，这个回答太有希林老师风范了。正因为她作为演员很是尊敬大竹老师，才想要保持一定的距离感吧（顺便一提，希林老师口中阿木老师和大竹老师的对谈里，说"[希林老师] 好过分哦"的不是阿木老师，而是大竹老师。但大竹老师立刻补了一句，明确宣布："我绝对要打电话给她 [希林老师]！"）。

送走大竹老师之后，希林老师转向我，带着坏坏的笑容说道："她说是 ×× 哦，她最喜欢的那个。"

观察他人的乐趣

是枝　我有个疑问，是关于山田太一[27]老师的笠智众三部曲[28]之一的《今朝之秋》[29]，不知道您方不方便回答。剧情大概是这样：

父亲矿造（笠智众[30]饰）来探望癌症晚期的儿子隆一（杉浦直树[31]饰），遇见跟情夫跑了的前妻阿泷（杉村春子[32]饰）；之后父亲带着儿子回到蓼科的家中，前妻、儿媳（倍赏美津子[33]饰）和女儿也赶了过来。您扮演的是在前妻阿泷开的小饭馆上班的美代。

树木 没错。

是枝 您在剧里戴了假发吧。无论是在小饭馆，还是进病房的时候，您的表演都体现出美代惦记着假发。但剧本上并没有提到假发，那是您想出来的点子吗？

树木 不是什么点子啦。我直接戴着假发去的片场，不会请示导演的。

是枝 不会吗？（笑）

树木 戴着假发去片场，在镜头前稍微挪一挪，就这么简单。

是枝 那部作品里的登场人物都是很严肃的。主人公已经癌症晚期，时日无多了，其他人物都是他的亲人，只有您饰演的角色有那么一点不合群。所有人都在走向死亡，只有您在演绎一个普通人，那种状态特别有趣。您是不是看透了作品的整体基调，所以想“在没有血缘关系的自己存在于这个空间时，稍微往‘生’的那边靠一靠”？在前往蓼科别墅的途中，您还带着牛奶吧。还说“大家一起喝”呢。

树木 对，在牧场给大家喝的。然后还对着马喊“太郎”呢(笑)。

是枝 剧本里也没有“太郎”吧？

树木　没有（笑）。

是枝　相较杉浦老师走向死亡的严肃表演，您保持了平衡，与他背道而驰，这种演法是您思考之后的决定吗？

树木　说思考不太贴切，我就是自己这么演了而已。

是枝　是您自己的主意，不是深町导演的指示啊。

树木　但导演也说那样演“真不错呢”，还把我喊“太郎”那段拍下来了。

是枝　我也觉得把那场戏保留下来真好。

树木　第一次见到老板娘（杉村春子饰）的前夫（笠智众饰）时，我会稍稍表现出“哦，原来她跟这样的男人好过”的心思，也会去琢磨小饭馆的帮工遇到这种情况会做出什么反应。怎么说呢，我就是在用自己的方式继续做着跟向田老师、久世导演和森繁老师一起做过的那些事吧……

跟森繁老师聊天可有意思了。他说有一次坐车的时候，一辆自行车一头撞了过来，他立刻跳下车问骑车人：“喂，你还好吧！？”那人出了点血，也不知是哪里受伤了，念叨着：“这是我昨天才买的啊……”一心只惦记着车（笑）。“好好好，我知道了。人没撞坏吧！？”“可，昨天刚买的自行车……”来来回回都是车。森繁老师就对这种事感兴趣，他的至交好友山茶花究[34]老师去世时也是这样。去医院探病时，他鼓励人家说“要加油啊！”，然后人家说着“啊，阿繁”，伸出手来。他告诉我：“拉我的手可使劲了，还说‘咱们一起走吧’。我跟他再要好，也不能跟他走啊。”

是枝 （笑）好欢乐哦。

树木 森繁老师无数次言传身教，让我领会到了观察他人的乐趣。家庭题材的故事尤其需要这样的观察吧。不是刻意演成什么样，而是像自然而然的呼吸一样存在于那里。

是枝 您跟森繁老师首次合作的《七个孙子》也是当时同为新人的向田老师和久世导演的成名作，久世导演也写道，他在这部电视剧中学到了许多东西。比如，森繁老师看厕所设计图的那场戏里，森繁老师突然说："把夏目漱石全集拿来！"然后把漱石全集摆成了和式便池前挡的形状对吧？

树木 对，为了调整高度。他饰演的会长把漱石全集摆成前挡的样子，以便确认安装的位置。如果老老实实用木头，那就一点意思也没有了，但用了漱石全集，就能体现出会长也是吃过苦的，是学过很多东西的。森繁老师就这样在方方面面提建议，说："久世呀，不该这么搞。"即便是一件小道具，他也会说："这个不对啊。"所以拍到最后，美术组的一把手户张师傅一听到森繁老师说"阿张，你瞧这里啊"，就知道他想要什么了，会立刻准备得妥妥当当，别提有多默契了。

话说回来，那部电视剧拍完以后，森繁老师说想拍一部叫《爷爷和女佣》的剧，不过最后没拍成。

是枝 那真是太可惜了。

树木 拍了《我想成为贝壳》[35]的TBS局长石川甫[36]老师特地跑来文学座[37]，求剧团说"我想借这个人用用"。借我这个文学座的新人哦（笑）。但我推辞了。

是枝　为什么啊？

树木　因为不合算啊。从那时开始，不合算的事情我就坚决不做了。

是枝　您觉得森繁老师为什么特别喜欢您呢？

树木　为什么呢？天知道。不过拍《七个孙子》的时候，他会故意等别人的戏份拍完，都走光以后，安排只有我们两个人留下的戏。我演的是帮工嘛，比方说他就会等人走后立刻安排一场帮工跟会长一起吃饭的戏。我稍微做点什么，说点什么，他都会哈哈大笑，然后渐渐摸向我的手，抓着不放。我总跟他说，“我可是新剧[38]的哦”。

是枝　这样啊。

树木　我说：“森繁老师，我可是您最讨厌的新剧的人哦。”因为他把新剧视为眼中钉嘛，所以我们私交不深。

是枝　只在片场打交道？

树木　嗯。这又是乖僻的性格作祟吧，我是觉得自己太卑微了。层次差那么多，单看片酬都是天差地别，我无法容忍自己跟这样一个人走在一起，所以才没有靠近。只有在演戏的时候，才会边说“来啦”边凑上去（笑）。

是枝　那您觉得森繁老师是认为有您在，他的表演会更鲜活，还是他有意栽培年轻人呢？

树木　演员基本都是以自己为中心的嘛。他大概也没想那么多，只是觉得如果能顺便让人进步，那就帮一把吧。

是枝　那他是为了激活自己的表演，才把您这样的人安排在自己周围吗？

树木　没有那么刻意。大概只是碰巧来到他身边的我用起来还算顺手吧。再说了，森繁老师的表演也不需要别人来激活，他一个人就能把场面撑起来，无论有谁在，无论那个人做什么，他都无所谓。

……可不知为什么，他就是很喜欢我。虽然脸色总是很难看啦，说什么“啊，新剧的又来了”。讨厌归讨厌，却仍然惦记着，我对他来说也许就是这样一个人吧。现在回头想想，我真庆幸自己刚开始做演员就结识了森繁老师啊。要是没结识他，我肯定无法在《今朝之秋》里演出一个仅仅是存在于那里的人。在开往蓼科的车里，我肯定会跟大家一起，心怀感伤望着牧场。

是枝　在您心目中，《今朝之秋》中合作过的杉村春子老师又是个什么样的人呢？她也算是您在文学座的大前辈了。

树木　她其实是个很有少女情怀的人。在小津（安二郎）[39]导演的电影里，她看着可凶了，会说“你给我等等！”这种话，但现实生活中的她不是那样的。我觉得她的演员气质是一种天性。

因为她尊敬每一位导演，不管人家年纪比她小还是怎样，遇见的碰巧也都是值得尊敬的人。她不会主动去构思什么，不会去琢磨“这个角色在这个位置，所以要这样”，而是顶着那张脸，带着那身气场往那儿一站，然后说台词，仅此而已。单看画面，你根本看不出来，会以为她是自己琢磨过一番才做出了各种各样的处理。但你要是了解平时的她，就会意识到那并非故意所为。我绝没有贬低她的意思啊。她是一个能把自己当成一支颜料交付给导演的人。无论是黑泽（明）[40] 导演的作品，还是小津导演的作品，我都没见过她回一个“不”字，听到什么指示都说“好”。这应该是因为她觉得责任不在于自己吧。

在小津导演的最后一部电影《秋刀鱼之味》[41] 里，我作为她的跟班一起去了片场。那天的拍摄工作是从一大早开始的，明明在我看来很顺畅的一场戏，却重拍了一次又一次，连片场的气氛都变得凝重了。小津导演也不说哪里不好，只让“再来一次”。拖着拖着就到了中午，剧组叫了外卖，杉村老师是跟我一起吃的，只听见她“哼哼哼……”的，竟然在哼歌，完全没给自己找借口。她也不是不想在我面前表现出懊恼，就这么一副“哎呀，都该吃午饭啦”的样子。她就是这样一个很有少女感的人，率直又爽朗，打从心底里尊敬导演，把自己完完全全交付给导演，所以在导演眼里，她才显得格外可爱吧。而且她绝不是故意巴结导演。我可没那样的本事啊。

是枝　我以前说过，您继承了森繁和杉村两位老师的DNA。

树木　没有的事（笑）。森繁老师跟我说过，“瞧你，把我的演技全拿去了”。不过啊，我的确从杉村老师的那种态度中学到了很多东西呢。

大概三年多前，我邀请山田太一老师来我教课的大学做嘉宾。

大家听他讲了一个半小时，受益匪浅。之后，我们几个讲师就跟他一起找了家店，开了场“慰劳会”。太一老师与向田邦子老师齐名，是备受尊敬的编剧。现在他近在眼前，我不免有些激动，便兴冲冲地问起了希林老师在《今朝之秋》中的表演。谁知话音刚落，素来温和的太一老师竟面色一沉：

“那集播出以后，我给深町导演打电话提意见了。”

事情要从这部电视剧的十一年前说起。

当时有部太一老师撰写的电视连续剧，题为《樱之歌》[42]。久世－希林组合无视太一老师的剧本，接连即兴发挥，气得太一老师都投诉了，以至于后来两人再也不即兴发挥了。希林老师明明有这样的“前科”，却仍那样对待《今朝之秋》，在某种意义上，她正是“明知故犯”。我也算是个会写剧本的导演，自认懂得两边的心思。确实，希林老师饰演的小饭馆帮工一会儿理理假发，一会儿摆出假发戴着很闷的样子，显然不契合整部作品的“高格调”。如果我是导演，也许至少会把表现假发的部分剪掉。至于她即兴发挥的那句“太郎”，都过去三十年了，太一老师好像还是无法接受。他的这种心情我也特别能理解。

不过，如果让我从自己的角度为希林老师辩护，我会说她脑子里装的大概是（小津）《晚春》[43]中的杉村春子。重看《晚春》之后，我就产生了这样的想法。

《晚春》将父亲（笠智众饰）和即将结婚离家的女儿（原节子

饰）的分别，以及父女二人为对方着想的心境，描写得异常“神圣”（这里“神圣”不是“柏拉图”的意思，其实正相反）。片中，杉村老师饰演田口雅跟哥哥（笠智众饰）一起前往鹤冈八幡宫。参拜完后，她捡到了一个口金钱包，迅速塞进胸前，见警察朝自己走来，便一路小跑着逃开了。这样一个人物正是作为“俗气”的化身存在的。在我看来，《晚春》之所以成为杰作，一半的原因在于杉村春子饰演的田口雅站在神圣父女的对立面，释放了现实感。也许希林老师想要在《今朝之秋》中实现的，就是这种杉村春子式的“俗气”吧。

至于出问题的牧场戏，剧本上只写了这么几行字：

蓼科　牧场

租来的车停着。矿造、隆一、阿泷、美代下车看景。几乎无人开口。

实际在电视剧中，车开到牧场之后，希林老师扮演的美代离开驾驶席，独自跑去跟其他人不同的方向，用托盘端回一杯杯雪白的牛奶，边递给大家边说：“来来来，这牛奶可浓了……老爷……给……”矿造（笠智众饰）接过杯子，快活地应了一句：“这得干杯啊……”这些都是剧本里没有的。只有美代反其道而行，说了很多。

《今朝之秋》里有不少精彩的台词，我抄录过很多，其中最让我印象深刻的是老父亲（笠智众饰）对将死在自己之前的儿子（杉浦直树饰）说的那句：就算多少有先后之分，大家迟早都要死的，所以你“别搞得自己很特殊似的”①。

这句话既像安慰，又像责备（剧本上写的是“特别のような”，但笠老师说成了“な”）。恐怕（当然这只是我的主观臆测）希林老师就是接触到这句台词时，决定始终站在“不搞特殊”的那一边吧。家里人都守在时日无多的男人身边，试图在仅剩的三个月里，“不搞特殊”地扮演好爸爸、好妈妈、好妻子的角色。所以希林老师的角色不能靠演技，必须存在于演技之“外”——她应该是这么想的。

剧情发展到高潮，大家放烟花时，矿造大喊一声：“我就是忘不了啊——”唱起了 Pinky & Killers 的《恋爱季节》[44]。据说阿泷离家之后，矿造经常在醉酒时唱这首歌。大家开始跟着矿造的声音合唱。当家里人都聚在套廊附近看烟花时，美代独自走开，拍了拍自己的上臂，一边嘟囔“真是的……净叮我了”，一边赶蚊子。这句台词和这些动作，在剧本里都是完全不存在的。前面有个镜头拍到了点着的蚊香。为了看烟花，面朝套廊的玻璃门被打开了，而这段情节发生在夏天的蓼科。搭景棚拍的情况下，大家往往想象力受限，但换作希林老师肯定会这么想：“是不是该有个人惦记着蚊子呢？如果有的话，那就非我莫属了……”在纵观作品整体的基础上，以绝妙的平衡感找准自己的位置，在我看来，

① 原文为“特别なような顔をするな”。

这种塑造角色的方式正是希林老师的过人之处，所以我想对她在这里的举动做出高度评价。至少她想通过这个角色走到自己曾经跟过的杉村春子对面，和她一决胜负。然而遗憾的是，打那以后，她再也没有出演过太一老师的作品。

“要是能有机会导演您笔下的希林老师就好了。”

在地铁早稻田站的楼梯上分别时，我发自内心地对太一老师说道。果然，愿望说出来就不灵了。

森繁久弥口述、久世光彦笔录而成的《后知后觉：大遗言书》[45]一书中，提到了森繁老师对希林老师的评价。虽然有点长，但我还是想引用一下：

“那孩子很聪明，比寻常人聪明得多。她的聪明是在表演里用得上的那种，要说她像谁呢，大概像三木则平吧。不过到现在我才敢说，则平都比不上她。她的表演思路很好，会从出人意料的地方突然冲过来，而且间隔也把握得好。处理得当，衬托对方的表演。最关键的是，跟她合作起来很舒服。压过别人的家伙有的是，能衬托对方的表演，并且反过来提升自己表演价值的人，可不是随随便便就能找到的。她就是所谓的天才吧。

“我觉得那孩子才是真正意义上的‘知识分子’。放眼其他领域，山藤章二[46]就是个典型的例子。他也是货真价实的‘知识分子’。但在表演的世界，这样的人相当罕见。我最佩服的是，无论打扮得多么稀奇古怪，无论扮演的角色多么惹人厌，走出镜头之后，她都能将那份女人的可爱留在观众的记忆中。大多数演员在镜头前都会粉饰的。大概这就叫余韵吧。那孩子就是能做到这个境界的演员。”

“所以我现在想跟树木希林一起演戏。”最后，森繁老师用这句话收尾。之所以夸到久世导演都嫉妒的地步，恐怕是想向他施加无声的压力，让他拍部两人合作的电视剧吧。久世导演也听出了弦外之音，写道：“可能要轮到我出场了。”

在这个错综复杂的世界

是枝 您再详细讲讲久世导演吧。我觉得在七十年代，他其实一直都“在电视上玩”，而您就是跟他一起玩的人。我们就是看着各位玩出来的东西长大的。后来向田邦子老师、（堺）正章[47]老师等前辈也加入了。那些作品看得我们乐在其中，我们便认定电视剧就该是那样的。后来，向田老师朝着更严肃的方向发展了，当然这里面有复杂的原因。然后在 1981 年，她因为空难去世了。

而久世导演也在向田老师去世之后拍摄了“向田邦子新春系列”[48]，稍稍脱离了以往的“玩”，渐渐走向了严肃。就在这时，您选择与久世导演诀别，继续走“玩”的路线。

树木 总而言之，我没往严肃的方向……

是枝 没往那个方向走。

树木 让自己的作品留存下来啊，这种感觉……

是枝 应该是没有的。但久世导演去世后，您好像也悄然发生了转变，只是没往严肃的方向去。我总感觉，您三位在分别接受各人的死亡之后，在选择作品的方式、个人状态等方面做出了改变。虽然您自己大概没有这方面的意识。

树木 我完全没有这种意识。在演艺界、演艺活动中留下自己的作品啦，打造艺术作品啦……我并没有这样的想法。当然，我也觉得好的东西就是好的，但不会主动往那个方向靠。

是枝 比方说，我感觉久世导演一直在琢磨“如果向田老师还在世，她会怎么做”，并且坚持创作这样的作品。而且在他去世前，还跟您合作了好几次。我认为他是跟您一起成长、一起享受了那些时光的同志。您现在会不会琢磨“如果是久世导演，他会怎么处理”呢？

树木 完全不会。不过我觉得，他要是看了你的电影，肯定会很眼红。但他绝对不会说自己眼红了，因为他不想告诉别人，所以肯定是叼着烟自我吹嘘一番：“我觉得那里啊……”（笑）他跟你不太一样，不是那种会真挚地深入作品的导演啦。虽然他有时也会那样，但我跟他靠的都是瞬间定胜负，不持久。他有本事，有能力，所以能拍出好东西来，可他放弃起来也很快，不太会深究某个场景该怎么处理。比起这些，美女朝他多看两眼反而更能让

他开心（笑）。

是枝　（笑）是吗？

树木　无论褒贬，他兼具男人的无聊和有趣。所以我从没跟他深入探讨过演戏。

是枝　真的吗？

树木　嗯。只有过一次，大概是他去世前三个多月吧。因为我老公总怀疑我，嚷嚷着："你跟久世肯定搞到一起了！"我都懒得否认了，所以也没跟他啰唆，只是打电话问久世导演："我们怎么就没搞到一起呢？"（笑）我说："我没那种心思，你应该也没有，但能搞到一起的机会有的是啊，却愣是什么都没发生呢。"结果他用很巧妙的说法告诉我，"你给我一种非常危险的感觉"。同时他也表示，我们一起做的事情是十二分有趣的，所以不想因为男女情爱这种无聊的东西毁了这层关系。那是我最后一次跟他联系，我还挺庆幸自己问了他。

演艺界有多到骇人的情色和欲望在涌动，但同时也有非常静谧、纯美的东西流淌着。"在这些东西仿佛纠缠不清的绳索一般的地方该如何活下去？"就是这么一个世界。当然，我不是为了活下去才演戏的啦。但是看看那些活下来的人吧，你就会觉得他们都恰如其分……觉得他们活下来是有道理的。所以才有意思啊。如果是像僧人修行那样要不断挑战极限的世界，我可受不了。但正因为这是个魑魅魍魉横行霸道的世界，我才觉得它好，才觉得它有意思。

回过头来看看，我们最终都站在了自己想要走的那条路上。

久世导演、向田老师、森繁老师都的的确确有着足以风靡时代的魅力，能遇见他们也是我的运气呀。

很遗憾，我没有机会和久世导演面对面。不过与他的邂逅，确实在我迈进电视世界的“入口”发挥了重要作用。

请允许我分享一段自己的往事。那时我即将从大学毕业，正在找工作。所有电视台的面试我都在第一轮被刷了下来，最后只剩下一家叫“TV MAN UNION”[49]的节目制作公司。从某种角度看，那是创作者集中地，比起电视台更令我向往，所以我打好了如意算盘，如果他们要我，就立刻结束只会带来伤痛的求职。

TV MAN UNION的总部位于赤坂，在一栋面朝一木大道的大楼的三层和四层。在最终面试前，我被要求在休息室里阅读久世光彦的随笔，题为《活了五十年，一份工作干了二十五年，我却没有“脸”……》。

“（前略）将没有脸的耻辱归咎于自己的才能、做人的器量或者人生的贫瘠，那未免也太凄凉了。只能上吊算了。只能上吊自尽，再留张字条写明不用办葬礼。那样实在可惜，所以我想将年过五十却只有‘假’脸的无情归咎于这些年参与过的作品，归咎于这些年养活我的影视工作。（中略）能毫不含糊地说出‘拍电视就是玩’这样的台词，那还算好的。可我已经快结巴了。聪明的孩子都神不知鬼不觉地溜回家，忙着自习了，我却在暮色中恋恋不舍地兜来转去，找寻伙伴，这是多么可悲的画面啊。（中略）我想要一张死时的脸。在适合玩的年纪拼命玩当然没问题，但我已经没法在清醒的状态下玩了。再这么下去，就成了漫不经心。电视有恩于我，用漫不经心的态度对待电视工作，我过意不去。（后略）”

年过五十的久世导演意识到，自己渐渐对制作电视剧这种团队作业提不起兴趣了。那是他发自肺腑的感慨。

后来，我被叫进会议室。十二个左右被称为“成员”的导演和制片人坐成一排。

他们问我看完随笔以后有什么感想，我如实回答：

“我的感想是，久世导演也老了啊。”

我针对“电视导演想要半途而废，告别团队作业”这种态度发表的感言或许称不上轻蔑，但的确带有几分否定的意味。坐在我正对面的光头男人目光炯炯，厉声喝道：“这么说对电视界的前辈太没礼貌了！”（他姓碓井。四年后，我负责的一档常规节目被毙，正走投无路的时候，就是他把我介绍给了富士电视台*NONFIX*[50]节目的制片人，所以他是我的恩人。）我明知那是面试，却还是一派二十四岁青年的狂妄劲，一气之下开始胡言乱语：

“不受限于制作者的面孔、名字等作者性因素，正是电视的魅力所在，也是电视不同于电影和小说、之所以是电视的关键所在不是吗？难道 TV MAN UNION 不是本着这样的哲学看待电视的群体吗？”

（估计我当时说的还不如上面这段条理清晰。）在那些大人看来，我就是个只会讲大道理、态度也不好的家伙。如果让现在的我去当面试官，这样的人一定会被刷掉。

（啊……这下肯定没戏了。不过话说回来，这群人可真教人来气。）

我带着这样的念头踏上归途，谁知几天后，合格的通知来了。高兴那是自然的，但心情也非常复杂。不知这是我的幸运还是不幸，反正这次“合格”让我走上了电视而非电影之路。在我看来，这也是“多亏了久世导演”。

在之前提到的那篇随笔的后半部分，久世导演引用了小池光[51]的短歌——“死去的萤火虫孤零零地坠落，秋天到来了，小草何去何从”，然后继续写道：

“在电视剧这方面，我一直把自己当成不应季的萤火虫。在夏天似乎也闪过那么几回，可如今，那仿佛也成了黑夜里转瞬即逝的幻影。还记得穿着凉爽浴衣、手拿蒲扇的人们把我捧上了天，但那也许是一场梦。竞相发光的伙伴们如今也各奔东西了。萤火虫迟早会有孤单凋落的一天。然后秋天便来了。”

我早就过了五十岁，如今要是再有人问我对这篇散文做何感想，我绝不会说“他老了”。我会这么回答：“久世导演大概很孤独，很寂寞吧。”希林老师跟他绝交了，向田邦子已经不在人世，二十四岁的我缺乏对这份哀伤的想象力。在写下这篇散文的第二年，久世导演推出《昭和幻灯馆》[52]，以作家身份出道。萤火虫脱胎换骨，绽放出了新的光彩。

很久以前，我做过一档回顾日本电视综艺史的节目[53]，当时重看了不少希林老师和久世导演合作的电视剧。

可惜《七个孙子》没有留下影像资料，所以在我的记忆中，最老（年轻）的希林老师是《时间到啦》[54]里面的“阿浜”（不过1966年播出的《敏子阿姨》[55]最近刚出了DVD，那是希林老师主演的连续剧，渥美清老师在剧中作为她曾经的相亲对象登场，在小插曲层面也有继承《七个孙子》的部分，所以可以通过这部作品想象出她在《七个孙子》里饰演的“阿敏”）。

《时间到啦》于1970年作为系列剧开播，不过在1965年，TBS的“东芝周日剧场”播出过它的雏形，仅一集。剧本由桥田寿贺子[56]操刀，据说播出后好评如潮，所以才决定拍成连续剧。然而，根据《制作〈时间到啦〉的男人——久世光彦的电视剧世界》[57]（加藤义彦著）一书的说法，起初选角时敲定了冈本信人[58]和泽田雅美[59]，但久世导演对制片人山本和夫说“我有个主意，想换人”，愣是让制作方把演员换成了堺正章老师和希林老师。冈本与泽田都参演了当时广受欢迎的正统派家庭剧《大胆妈妈》[60]，后来又成了桥田编剧的《冷暖人间》[61]的常规班底。如此想来，就能清楚地认识到久世导演想要在这部《时间到啦》中追求什么了。

久世导演执导了该系列第一集，为两位演员准备了大量剧本上没有提到的场景，供他们自由发挥。桥田看完实际播出的版本就罢工了，只写到第三集，可谓大事不妙。然而从结果看，她的退出反而让这部作品成了七十年代最新潮、最流行的家庭剧，造就了一大潮流，真是万万没想到。

久世导演出过一本书，名叫《家之味，城之音》[62]，其中收录的一篇题为《话说〈时间到啦〉》的小散文中提起了这部剧第一集的剧本。儿媳第一次上门，饰演婆婆的森光子[63]见儿子遇事都护着她，如此说道：

“本以为儿子娶了媳妇，家里就多了个人，没想到是少了个人呢。”

我并非桥田电视剧的忠实观众，不过这句话着实让我印象深刻。久世导演也在文中写道，“这是句经典台词”。

但是考虑到久世导演与桥田老师在那之后再也没合作过，我就不由得想，也许久世导演并不需要这样的“经典台词”。我觉得，至少他是想用不同于以往的“戏剧”与“电影”的角度去把握电视剧和电视剧的剧本。在这方面最能与他产生共鸣的人，就是希林老师吧。

不光是演技的水平

树木　《朝日新闻》的访谈专栏[64]登过一段你针对政治发表的意见，特别暖心呢。贵乃花[65]在右膝盖有伤的情况下，在决赛中战胜了武藏丸[66]，当时的首相小泉纯一郎[67]先生在颁奖时高呼：“你忍着伤痛奋勇拼搏，我非常感动！”你说，发表这样的感言当然也没错，但他怎么就没提输了的武藏丸呢？怎么就没有提一提不得不跟忍着伤痛登上赛场的贵乃花比试的武藏丸呢？怎么就没有考虑到那些为武藏丸加油鼓劲的人的心情呢？你一边举这样的例子，一边用浅显易懂的语言探讨政治，我看了觉得特别棒。当然，我早就觉得你是个挑选事物很有品位的电影导演，不过看完那篇访谈之后，我更觉得你是个值得信任的创作者了。

所以，就算你今后走上了另外一条路，肯定也不会有问题的。在接下来的二十年里，我也希望你能尽情张开羽翼，自由翱翔呀。我很理解你为什么要在不同的作品中反复用同一个演员，不过站在观众的角度讲，他们大概也想看看风格稍微有点不一样的选角吧。

是枝　我去请您，您却报出其他女演员的名字：“这个角色请 × × 老师更好吧？”只有您会这样（笑）。不过这也是在别处很难体验到的经历，还挺有意思的。

树木　可我说的都是真心话啊。《步履不停》那次也是，我还以为要试镜呢，于是就问：“除了我还有其他候选人吗？”你说：“还有 × × 老师。”我听完就回：“啊，那我可能比她更适合（这个角色）。”然后就走了。

是枝　那件事我都解释过好多次啦（苦笑），我当时就没考虑过别的人选。还不是因为您追着我问：“要是我拒绝了，你准备找谁呀？”我只能绞尽脑汁，当场想出个名字给您啊。

树木 为了不让读者朋友们误会，我得先说明，那位女演员也是非常有魅力的哦。只是那个角色不是大医院医生的漂亮妻子，而是开私人诊所的医生的平凡妻子，所以我才觉得，自己大概会更合适一点……为什么会那么想呢？当时已经得癌症了吗？好像得了吧……总之我这人就是会忍不住去琢磨“什么才最适合这份剧本”。

是枝 有点站在制片人的角度看问题的意思。

树木 啊，没错，搞不好真是这样。那个，是枝导演今年几岁啦？

是枝 五十二了。

树木 那就是跟我差二十岁。我七十二啦。五十到七十这段时间最要紧哦，那可是一个人最好的年华呢。

是枝 您五十来岁的时候都在想些什么呢？

树木 当时我上过一本面向老年人的杂志……其实我也不知道几岁开始算“老年人”，反正是本面向老年群体的杂志，我上了封面呢。记得我当时心想，“真不想上封面啊”，而且当时也还没生病。

然后过了十多年，身体开始出问题了。现在年过七十，有种毛病尽在自己掌中的感觉……五十来岁的时候都在想什么呢？毕竟我不是那种会纠结过去跟未来的人呀。过了七十岁以后，我一直觉得以后的日子才是最美好的。什么都别想就对了。在演艺界这样一个森罗万象的世界里，我把包括自己在内的很多人搅得团团转，但是过了七十岁以后吧，我就能切身感觉到这里是个待着很舒服的地方了。

是枝　比方说，您是不是很少在回顾过去的时候记起“我五十多岁时演过那部作品”呢？

树木　要是有人问起，我当然是会想起来的。在《美空云雀物语》[68]里扮演美空云雀[69]的母亲时，自己大概四十五岁，在NHK的晨间剧《烈驹》[70]里演主人公的母亲、拿到艺术选奖[71]的时候，应该还不到五十岁。但也没有什么能让自己大声宣扬“我出演过那部作品！”的业绩呀……就我这样，还有脸挑别人作品的毛病呢。

是枝　（笑）听您挑毛病也很愉快。

树木　真是的，我干吗偏要去评头论足呢。你说我在乎吗，其实是不在乎的。我也不会像评论家那样，认认真真分析以后再发表意见，只是像主妇们聚在一起拉家常那样随口说两句罢了，就这样一路走到了今天。

是枝　还记得之前因为《奇迹》的拍摄工作去鹿儿岛小住，您跟桥爪功[72]老师并排坐在天妇罗餐馆的吧台边，聊各种演员的演技。虽然是在说别人的坏话啦，但同时也聊出了非常精彩的演技论。怎么说呢，二位的品位确实有相通之处……

树木　啊，是吗？你能这么说就好。

是枝　二位共享着“讨厌的东西”，我听着觉得很有意思。

树木 不过随着年龄的增长，随着身体一点点衰老，就算是不太合口味的东西，我也渐渐能够认可它们的存在了。这也是过了七十以后的变化吧。换做以前，我甚至会否定它们的存在，但现在有自知之明了，清楚轮不到我说三道四。这大概是因为我意识到自己也没什么了不起的吧。

你挑选演员的时候，有没有遇到过“就是讨厌这个人”的情况呀？

是枝 “讨厌”吗？

树木 “讨厌”大概不太贴切。其实这不是你的做法，你都是选会让你觉得“啊，这可真不错”的演员吧。

是枝 观察演员的时候，我的确会有好恶之分，比如“我喜欢这样表演的人”“这样好像跟作品不太协调”……但我感觉自己选角的标准好像不在于此呢。

树木 会不会把对方当成女人看呢？

是枝 因为对方作为女人很有魅力，所以就选她来演吗？那是从来不会的。

树木 那有没有因为“动心”选过女演员呢？

是枝 动心啊（笑）。没有呢，在拍摄自己选的女演员的过程中动心的情况还是有的，但我至今为止应该还没有因为动心而选择某个女演员的情况。当然，在拍摄的时候，我会用自己的方式集中注意力去看演员，而且要盯着一个人看那么久，不喜欢的话是肯定受不了的。盯着看的时间久了吧，又难免会喜欢上人家……这种情况是有的，但是一开始就惦记着“我要在片场把她追到手！”这样的事情是绝对没有的（笑）。

树木 哎呀，追不追的先撇开不谈嘛。

是枝 只是我合作过一次之后还想要再次合作的人，肯定是在片场跟我呼吸过同样的空气、能够跟我分享某种东西的人。跟这类人长期合作的情况会比较多吧。

树木 那你会不会有“观众大概会觉得有点无聊吧”这样的念头呢？

是枝 不太会。只要我觉得“还能再跟这个人合作一阵子”，我就想继续合作。

树木 哦，这样啊。你不会担心观众看腻了吗？

是枝 不会。当然要是我自己腻了，那我肯定就换了。

树木 哦……人呀，真能这么深挖吗？

是枝 比如有些导演是这么想的：“之前请他演过这样的角色了，下次就换个不一样的角色吧。”但我的思路不是这样。无关角色，只是觉得“好想再跟这位演员合作啊”。“上次拍过了，这次就算了吧”“观众会不会看腻啊”之类的想法，我是不会有的。不过，我有时也会主动做出判断，决定“这次换个路数看看”。

树木 我是在纳闷呀。明明已经没法从“树木希林”这样一个老太婆身上挤出什么东西了，你却再次邀约，还像这样找机会跟我对谈，这到底是为什么呢？当然我也是人嘛，从各个角度聊也是没问题的，但我毕竟是那种（唱起来）“仅此一次，仅此一次，再没有下一次了哦”[1] 的类型嘛（笑）。

是枝　不不，我之前找您的时候，您也说：“你找我演各种各样的角色也没用啊，我的演技‘抽屉’没那么多，演不出来呀”……《海街日记》撇开不谈，因为您的戏份少，但是在《步履不停》和《比海更深》里，您所呈现出来的东西彼此完全不一样啊。

树木　虽说服装、角色名字和设定都不一样，但扮演者的声音跟身体是一样的，所以最后呈现出来的东西不一样，还是得归功于你的导演能力呀。作为演员，我只是每天去片场道声“早上好”，然后按部就班地演罢了。

是枝　您是反感同一位导演找您好几次吗？

树木　倒不是反感，就是有点难为情吧……话虽如此，演员也不是换一身装扮就看起来判若两人了，不是这么回事。肉眼看不见的地方也得有所改变才行吧。

是枝　您还说过“有某种依据的角色更好演”吧。

树木　啊，你的片场没有一点让人觉得难演的地方。参演过的人应该都有同感，你制作电影的过程反而让演员着迷。我得到的评价也比自己的实际水平要高，以至于我都觉得：“哦，看来还能靠这个吃上两年老本。”我就是这种类型的人（笑）。

是枝　（笑）

树木　所以你邀请我好几次，我是一点都不反感的。看到你在片

---

① 唱的是山口百惠的名曲《横须贺故事》，把“再没有下一次了吗”改成了“再没有下一次了哦”。

场那么专注地投入表演之中，我就不由得感叹，原来导演就是那样感知角色、就是那样打造作品的啊。然后切身感觉到自己有幸进了个好剧组。与此同时，我也会想，大概也就这一回吧，不会长久的。接着还会想，如果要长期合作的话，那我的水平也得提升才行，包括我作为一个人的品格……用“灵格”这个奇怪的字眼吧，就是灵格也得更丰满才行。即便想了那么多，拍摄工作一结束，我还是全忘了（笑）。总之，能跟你继续合作，我当然很感激，但我就是想知道，你到底看中了我的哪方面呢？

是枝　嗯……真要说起这个，就有点我特地迎上来吹捧您的意思了（笑）。

树木　这点还是要说清楚的嘛。

是枝　这样啊。喜欢您的表演当然是一方面，另一方面是与您合作的时候，我会生出“做一个靠谱的导演”的念头。

树木　你又揪着我一个靠不住的人……

是枝　不不，大概是我的表达太晦涩了吧。结识几个好演员、希望这些演员能发自内心地认为“这人是个靠谱的导演”，对于一个导演来说是很重要的。我希望自己能仔细观察演员的表演，让演员觉得：“啊……原来导演会看这些地方。”我也想要做一个能通过表演进行沟通的导演。不是把演员一个个摆在自己的手掌心，跟他们说“请大家住进我的世界”，而是稍稍挺直身子，主动选择希林老师作为与我面对面的对象。

树木　哦，是吗。我在这方面倒是完全没有意识。不过我是先感受到了“是枝导演”的人格魅力、存在意义和一路走来的历史，觉得你有非常精彩的内涵，感觉特别棒。我自己是拍摄一结束就把剧本随手扔掉的那种没礼貌的演员（笑）。不跟别人比，只要自己过得有意思、过得心平气和就行了，也是抱着这样的态度一路走到了今天。连我都有点反感这样的自己，你却不嫌弃我，还想办法引出我的魅力，琢磨着“要不试试这个角度”。既然这样一位导演都发话了……如果我的生命还有富余，那多活一阵子也未尝不可呢。我现在就是这么想的。刚才那番话啊，我得好好珍藏在心里（笑）。

之前在东宝的摄影棚拍《步履不停》的时候，我总会随手做些饭团带去，所以在食堂最多就是要份味噌汤，再加一个菜。有一次，我吃完饭，把餐具送回窗口的时候，食堂的阿姨对我说：“你可是日本的宝贝啊！”我不禁左看看右看看，心想：“啊？她刚才说什么？她是说了‘日本的宝贝’吧？”（笑）我回答：“哦，是吗？”然后就走了。我现在啊，就跟那天一样开心。

原书注释

[1] —— **大竹忍**

演员、歌手。1957 年生于东京都。1973 年凭借电视剧《我是女学生》出道。代表作有电视剧《男女 7 人夏物语》《温柔时刻》《尽管如此也要活下去》，电影《青春之门：自立篇》《啊！野麦岭》《永远的 1/2》《宛如阿修罗》《出嫁的妈妈》《哀悼人》《后妻业之女》《真田十勇士》等。参演是枝作品《海街日记》。

[2] —— **野田秀树**

剧作家、戏剧导演、演员。1955 年生于长崎县。1976 年创办以东京大学戏剧研究会为母体的“剧团梦之游眠社”，发表了以“文字游戏”和“翻拍”为特征的大量名作。1993 年创办戏剧企划制作公司“野田地图”。代表作有《野兽降临》《半神》《赝作：盛开的樱花林下》、*KILL*、*OIL*、*THE BEE*、*ROPE*、*PIPER*、*THE CHARACTER*、《向南》、*EGG*、*MIWA*、《逆鳞》《足迹姬：时代错误冬幽灵》等。1994 年至 1997 年与大竹忍为事实婚姻关系。

[3] —— **阿木燿子**

作词家、演员、小说家。1945 年生于神奈川县。歌词代表作有《港口的洋子·横滨·横须贺》《横须贺的故事》《迷恋》《DESIRE – 情热 –》、*PLAYBACK PART 2* 等。文中提到的对谈见于 2014 年 9 月 14 日《SUNDAY 每日》刊登的“阿木燿子的风流正酣”专栏。

[4] —— **芥川比吕志**

演员、戏剧导演。1920 年生于东京。作家芥川龙之介的长子。就读于庆应义塾大学文学部时，开始与剧作家加藤道夫等同人编排学生戏剧。1947 年，与加藤道夫及其妻加藤治子等人结成麦之会。1949 年与文学座合并，作为剧团核心演员表现活跃。1963 年起担任“剧团云”的领袖。身为演员的同时发挥导演才能，《司卡班的诡计》获艺术选奖文部大臣奖，《海神别墅》获文化厅艺术节优秀奖。之后创立“戏剧团体圆”，就任代表。1981 年去世。

[5] —— **山田洋次**

电影导演。1931 年生于大阪府。从东京大学法学部毕业后进入报社，之后补缺入职松竹。1961 年执导首部影片《二楼的陌生人》。1968 年构想富士电视台连续剧《寅次郎的故事》并撰写剧本，次年将其电影化。代表作有《家族》《电影天地》《儿子》《学校》《抓着彩虹的男人》《黄昏清兵卫》《隐剑鬼爪》《武士的一分》《母亲》《弟弟》《东京家族》《小小的家》《如果和母亲一起生活》，以及"家族之苦"系列等。

[6] —— **向田邦子**

编剧、散文家、小说家。1929 年生于东京。从实践女子专科学校（今天的实践女子大学）国文科毕业后担任过社长秘书，后入职雄鸡社，成为《电影故事》编辑部的编辑。1960 年独立，成为自由撰稿人。1962 年执笔广播剧《森繁的董事读本》剧本。1964 年执笔电视剧《七个孙子》剧本。代表作有《时间到啦》《寺内贯太郎一家》《冬季运动会》《家族热》《宛如阿修罗》《阿吽》《宛如蛇蝎》等。1981 年在采风旅行期间遭遇空难去世，享年五十一岁。

[7] —— **《宛如阿修罗》**

NHK"周六剧场"于 1979 年（共三集）、1980 年（共四集）播出的电视剧。主角四姐妹的扮演者分别为加藤治子、八千草薰、石田良子、风吹纯。

[8] —— **深町幸男**

戏剧与影视导演。1930 年生于东京。1963 年入职 NHK，与早坂晓、向田邦子、山田太一等人合作推出了大量作品。代表作有"事件"系列、《阿吽》、"梦千代日记"系列、《准备过冬》《衬衫店》《父亲的道歉信》《朋友》《春之沙漠》《春之一族》《舞女》《麻醉》《秋之一族》等。树木希林在《梦千代日记》之后成为深町代表作的常驻演员，参演了《花遍路：风之昭和日记》《今朝之秋》《厨房的圣女》《被玷污的忧伤》《兄妹》《大往生》《鱼有心来妻有意》等大量作品。2014 年去世。

[9] —— **加藤治子**

演员。1922 年生于东京。1939 年通过电影《采花日记》出道。1941 年加入后来的丈夫加藤道夫以及芥川比吕志等人创办的"新戏剧研究会"。战后作为麦之会的一员再次投入演艺事业，在剧团 1949 年与文学座合并后作为主角级演员活跃。1964 年在《七个孙子》中饰演母亲，之后成为家庭片的"母亲专业户"。代表作有向田邦子电视剧《寺内贯太郎一家》《冬季运动会》《家族热》《宛如阿修罗》《日本萝卜的花》，电影《一片花》《女税务官续集》《我买单》《弟弟》等。曾为吉卜力工作室的动画电影《魔女宅急便》《哈尔的移动城堡》配音。2015年去世。

[10] —— **和田勉**
影视导演。1930年生于三重县。1953年入职NHK，作为电视剧导演与制片人活跃。代表作有《龙马行》《鹿鸣馆》《金色夜叉》《越过天城》《野兽之道》《THE商社》《女杀油地狱》《黎明前》等。1987年退休。2011年去世。执导1979年播出的三集《宛如阿修罗》的第一集与第三集。

[11] —— **《寺内贯太郎一家》**
1974年于TBS“周三剧场”播出（共三十九集）。编剧向田邦子，制片人久世光彦，主演小林亚星。舞台是昭和年代的东京平民区，聚焦一个经营石材店的家庭和他们身边的人，以喜剧笔触描写富有人情味的日常，平均收视率高达31.3%。续作（共三十集）于1975年播出。1991年、1998年、2000年分别推出特别篇。另外，饰演石材店老太太的树木希林当时不过三十一岁。

[12] —— **《穆》**
1977年于TBS“周三剧场”播出（共二十六集）。与《时间到啦》《寺内贯太郎一家》一样，由久世光彦担任导演和制片人。以东京新富的足袋铺“兔屋”为舞台的家庭故事，增添综艺元素，多集采用现场直播形式。

[13] —— **《穆一族》**
1978年至1979年于TBS“周三剧场”播出，为《穆》的续作（共三十九集）。综艺色彩比《穆》更为鲜明，比如会在剧中突然插入资讯节目风格的环节（“穆情报”），还会突然唱起乡裕美与树木希林合唱的插曲《苹果杀人事件》。

[14] —— **久世光彦**
戏剧与电视导演、制片人。1935年生于东京。从东京大学文学部毕业后入职东京广播电台。1965年执导向田邦子的电视剧出道作《七个孙子》。后制作了《时间到啦》《寺内贯太郎一家》《穆》《穆一族》等名留电视史的经典电视剧。1979年离职后，创办制作公司KANOX。代表作有《长眠的酒杯》《夜半蔷薇》《女人的食指》《时间又到啦》《讨厌的家伙们》《明天吹起我的风》《小石川的家》《旋律》《老师的提包》《向田邦子的情书》《夏目家的餐桌》等。自1987年推出《昭和幻灯馆》后，开始创作小说、评论与散文，

留下大量著作。2006 年去世。

[15] —— **绝交**

1979 年 1 月，树木希林在《穆一族》的庆功宴上发言时揭露制片人久世光彦出轨饰演“劲松屋的智子”一角的野口智子，且女方已有八个月身孕。久世承认了此事，并在本剧的工作结束后离开 TBS，正式离婚，与野口再婚。此后树木与久世绝交多年，直到 1996 年播出的电视剧《小少爷》才再次合作。

[16] —— **《小少爷》**

1996 年于 TBS 播出的电视剧。原作为夏目漱石的《少爷》，改编为平成世代的人情喜剧。久世光彦导演，乡裕美饰演少爷，树木希林饰演阿清和小黑。

[17] —— **内田裕也**

音乐人、演员。树木希林的丈夫。1939 年生于兵库县。1959 年通过“日剧西方嘉年华”正式出道。后担任“内田裕也与 THE FLOWERS”主唱，从七十年代后期开始出演影视作品。担任电影《不要滑稽杂志！》《鱼来二嗯英》的编剧及主演。2019 年去世。

[18] —— **《东京塔》特辑**

2007 年 3 月 20 日发行的 *SWITCH* 卷首特辑“小田切让《东京塔九故事》”。

[19] —— **澡堂杂工**

树木希林在电视剧《时间到啦》中扮演的角色。

[20] —— **绫濑遥**

演员、歌手。1985 年生于广岛县。2001 年通过电视剧《金田一少年事件簿》出道。代表作有《在世界中心呼唤爱》《萤之光》《仁医》《八重樱》《精灵守护者》《韦驮天：东京奥运故事》等。主演电影《我的机器人女友》《女座头市》《巨乳排球》《弃宝之岛：遥与魔法镜》《万能鉴定师 Q：蒙娜丽莎之瞳》《高台家的人们》《本能寺酒店》《今夜在浪漫剧场》等。

[21] —— **服部晴治**

电视导演。1940 年生。入职 TBS 后，担任 1980 年播出的连续剧《恋人们》的导演。1982 年与该片主演大竹忍结婚，育有一子。1987 年因癌症去世。

[22] —— **千本福子**

影视导演。1928 年生于大连。1953

年入职日本电视台。1959年至1962年凭借“爱之剧场”系列受到关注。1988年离职前的最后一部作品为《明日：1945年8月8日，长崎》。代表作有《缘》《天佃天》《时髦阿鲤》《为母如地狱》《奔走山间的女人》等。2006年的《红鲸与白蛇》是其首次执导的电影。

[23] —— **铃木清顺**

电影导演、演员。1923年生于东京。1948年通过松竹大船摄影所的第一届副导演考试，成为副导演。1954年转至日活。1956年凭《临港举杯：胜券在握》作为导演出道。1977年转至松竹。代表作有《肉体之门》《杀手烙印》《流浪者之歌》《阳炎座》《梦二》《手枪歌剧》《狸御殿》等。2017年去世。

[24] —— **《明日：1945年8月8日，长崎》**

1988年8月9日于日本电视台播出的电视剧。原作为井上光晴的同名小说。大竹忍分饰妓女和临盆在即的长女二角。获艺术节电视剧部门作品奖。

[25] —— **市川森一**

编剧、剧作家、小说家。1941年生于长崎县。1966年为儿童向特摄节目《快兽布斯卡》第四集撰写剧本，以编剧身份出道。参与《赛文奥特曼》《杰克奥特曼》《彗星公主》等儿童节目的制作后，将重心转移至电视剧。1974年凭萩原健一与水谷丰主演的《伤痕累累的天使》崭露头角。代表作有电视剧《露玉的项链》《亲戚们》《幽婚》等，电影《幽异仲夏》《长崎漫步曲》、*TAJOMARU*等。2011年去世。

[26] —— **田中裕子**

演员。1955年生于大阪府。就读大学期间加入文学座。1979年凭借NHK晨间剧《阿玛姐姐》出道。代表作有电视剧“向田邦子新春系列”、《母亲》《女人》，电影《二十四只眼睛》《大阪物语》《火火》《最初的路》等。

[27] —— **山田太一**

编剧、小说家。1934年生于东京。自早稻田大学教育学部毕业后入职松竹，师从木下惠介导演。1965年离职，成为自由编剧。1968年执笔“木下惠介时间”的《三口之家》，获高收视率。代表作有《男人们的旅途》《岸边相册》《回忆制造》《早春写生簿》《长不齐的苹果们》《蒂罗尔的挽歌》《山丘上的向日葵》《拼布之家》等。

[28] —— **笠智众三部曲**

山田太一编剧、笠智众主演的三部佳作《如果继续活着》《准备过冬》《今朝之秋》。

[29] —— **《今朝之秋》**

1987年于NHK播出的电视剧（共六集）。通过描写一位老人照顾时日无多的儿子，以犀利的视角剖析了生与死、人的罪孽。

[30] —— **笠智众**

演员。1904年生于熊本县。1925年入职松竹。跑了十余年龙套后被小津导演相中，在《大学是个好地方》出演配角。之后参演《父亲在世时》《晚春》《东京物语》《秋刀鱼之味》等电影，成为小津作品不可或缺的演员。1993年去世。

[31] —— **杉浦直树**

演员。1931年生于爱知县。凭1958年上映的电影《生锈的刀》受到瞩目。离开松竹后成为自由演员，出演向田邦子创作的《父亲的道歉信》《阿吽》、山田太一创作的《岸边相册》等众多名作。2011年去世。

[32] —— **杉村春子**

演员。1906年生于广岛县。1937年加入新创办的剧团文学座。在1940年的*Funny*中饰演女主角，成为文学座的头牌女演员。同年上映的《奥村五百子》则是她首次主演的电影。得到黑泽明、木下惠介、小津安二郎、成濑巳喜男、沟口健二等大师级导演的高度评价，参演作品超过一百四十部。代表作有舞台剧《女人的一生》《欲望号街车》《华冈青洲之妻》《花护佳人袖不沾雨》《华丽家族》等，电影《我对青春无悔》《晚春》《麦秋》《饭》《东京物语》《流浪记》《浮草》《秋刀鱼之味》《红胡子》《墨东绮谭》《午后的遗书》等。1997年去世。

[33] —— **倍赏美津子**

演员。1946年生于茨城县。1967年凭借电影《纯情二重奏》出道，与现实中的姐姐倍赏千惠子饰演同父异母的姐妹。代表作有《人斩》《复仇在我》《及时行乐死了拉倒党宣言》《恋文》《熟女杀人事件》等。同时也活跃在电视荧幕上：在2007年播出的电视剧《东京塔：老妈和我，有时还有老爸》中饰演“老妈”，广受好评；此后饰演主人公母亲或祖母的机会增加。

[34] —— **山茶花究**

演员、艺人。1914 年生于大阪府。曾是小剧团 Casino Folies 的歌手和浅草歌剧座的演员，1937 年加入东宝的绿波一座，结识森繁久弥。作为喜剧演员活跃在戏剧界与电影界时，受森繁邀请参演 1955 年上映的电影《夫妇善哉》。之后也参演了森繁主演的“社长”“站前”系列，并受到黑泽明、川岛雄三等导演的赏识。1971 年去世。

[35] —— **《我想成为贝壳》**

1958 年于东京广播电台（今天的 TBS）的“三洋电视剧场”播出。主演为弗兰克·堺。根据原陆军中尉加藤哲太郎的狱中手记《疯狂的战犯死囚》的遗书部分改编的虚构作品。讲述了二战期间被征召入伍的理发店主因刺杀俘虏被捕，最后被处以死刑的故事。在 1959 年与 2008 年被翻拍成电影，1994 年翻拍成电视剧。

[36] —— **石川甫**

电视导演。入职东京广播电台（今天的 TBS）后，担任 1961 年至 1967 年推出的“近铁周五剧场”的制片人。导演代表作有《鹿鸣馆》《天天姑娘》《庞然巨塔》等。在长篇纪录片《日本残酷物语》中负责统筹工作。

[37] —— **文学座**

1937 年由岸田国士、久保田万太郎、岩田丰雄发起而结成的剧团。1949 年与芥川比吕志、加藤道夫、加藤治子等人组成的麦之会合并。从三位创始人开始，将森本薰、加藤道夫、三岛由纪夫、有吉佐和子等人的作品改编成同时代剧本搬上舞台。同时积极排演莎士比亚、契诃夫、田纳西·威廉斯、桑顿·怀尔德的翻译剧。1963 年，包括芥川比吕志、高桥昌也、加藤和夫、小池朝雄、岸田今日子、加藤治子在内的二十九名团员离开剧团，与福田恒存创立当代戏剧协会“剧团云”。1966 年，岸田森、悠木千帆（日后的树木希林）、草野大悟也选择退团，创立剧团“六月剧场”。

[38] —— **新剧**

不同于旧剧（指歌舞伎，又称“旧派”）和新派（始于明治时代的“壮士戏”“书生戏”等戏剧改编而成的同时代剧）的概念，是追求欧式的、具有现代性与艺术导向性的戏剧。新剧运动的确立可追溯至关东大地震后创立的剧团“筑地小剧场”，文学座（成立于 1937 年）、俳优座（成立于1944年）沿续了这一路线。

[39]——**小津安二郎**
电影导演、编剧。1903年生于东京。1927年凭时代剧《忏悔之刃》作为导演出道，留下多部名作，其独特的影像世界被称为“小津调”。代表作有《晚春》《麦秋》《东京物语》《早安》《秋刀鱼之味》等。1963年去世。

[40]——**黑泽明**
电影导演。1910年生于东京。1936年入职P. C. L.电影制作所（后与东宝合并），担任副导演。1943年执导处女作《姿三四郎》。凭动感十足的影像呈现与贯彻人文主义的创作风格被誉为“世界的黑泽”。代表作有《罗生门》《生之欲》《七武士》《用心棒》《天国与地狱》《红胡子》《乱》等。1998年去世。

[41]——**《秋刀鱼之味》**
小津安二郎的遗作，1962年上映。主题虽是女儿出嫁后父亲的衰老与孤独，但笠智众饰演的父亲与朋友们的对话为影片增添了几分喜剧色彩。参演者包括岩下志麻、佐田启二、冈田茉莉子等。

[42]——**《樱之歌》**
1976年于TBS“周三剧场”播出。在东京藏前经营一家小型正骨院的男子（若山富三郎饰）和妻子（加藤治子饰）为了怀上男友孩子却不登记结婚的大女儿（悠木千帆饰）、爱上已婚男人的小女儿（桃井薰饰）头疼不已……共二十六集，其中包括头尾两集在内的九集由制片人久世光彦执导。

[43]——**《晚春》**
1949年上映，小津安二郎执导的首部“围绕女儿结婚展开的家庭片”。原节子在本片和《麦秋》（1951）、《东京物语》（1953）中饰演的女主角都叫“纪子”，因此这三部作品又合称“纪子三部曲”。参演者包括笠智众、原节子、月丘梦路、杉村春子等。

[44]——**《恋爱季节》**
Pinky & Killers的出道单曲，1968年发行。获第十届唱片大奖新人奖，售出二百七十万张。Pinky指歌手今阳子，Killers指四名男乐手组成的伴奏乐队。

[45]——**《后知后觉：大遗言书》**
2004年由新潮社出版，是《周刊新潮》连载文章集结成的单行本。

该系列共有四册，其余三册分别为《大遗言书》(2003)、《正因为活着》(2005)、《永别了：大遗言书》(2006)。

[46] —— **山藤章二**
讽刺漫画家、插画家。1937 年生于东京。从武藏野美术大学设计科毕业后，于 1960 年入职 National 宣传研究所。获数项设计奖，1964 年自立门户。1976 年开始在《周刊朝日》杂志连载“山藤章二的 Black Angle”。演艺人士、话题人物与当代世态融合的作品风格是其特征。

[47] —— **堺正章**
喜剧人、歌手、演员、主持人。1946 年生于东京都。1962 年，十六岁时加入 The Spiders 乐队，担任主唱。出演 1970 年开播的电视剧《时间到啦》后，与树木希林一同人气大涨。

[48] —— **向田邦子新春系列**
向田邦子去世后，久世光彦在 1985 年至 2001 年导演的电视剧系列。

[49] —— **TV MAN UNION**
1970 年，从 TBS 离职的荻元晴彦、村木良彦、今野勉等导演牵头创办的日本首家独立电视节目制作公司。是枝裕和在 1987 年加入，2014 年独立，与电影导演西川美和、砂田麻美等人设立了创作者团体“分福”。

[50] —— ***NONFIX***
1989 年于富士电视台开播的纪实节目，目前在关东本地电视台不定期播出。培养了森达也、濑濑敬久等众多影视导演。是枝裕和也为这档节目制作了《但是……在这个扔弃福祉的时代》《另一种教育：伊那小学春组的记录》《公害何处去……》《没有他的八月天》《宪法系列：第九条·放弃战争〈忘却〉》等作品。

[51] —— **小池光**
歌人。1947 年生于宫城县。在东北大学研究生院理学研究科完成硕士学业。1972 年加入短歌社团“短歌人”。1975 年至 2006 年从事理科老师的工作。1978 年出版首部歌集《轻木之翼》，获当代歌人协会奖。2001 年出版第五部歌集《静物》，获艺术选奖新人奖（文学部门）。2016 年出版第九部歌集《思川岸边》，获读卖文学奖。

[52] —— **《昭和幻灯馆》**
1987 年由晶文社出版。1992 年由中公文库再版，书名相同。

[53] —— 回顾日本电视综艺史的节目

指 2010 年 3 月 27 日于富士电视台“Σ 频道”播出的《都是萩本钦一的错》。

[54] ——《时间到啦》

1970 年至 1973 年于 TBS 播出三季的家庭题材电视剧（共九十五集）。故事围绕在东京五反田经营澡堂“松之汤”的松野家展开，由森光子主演。在描写松野家继承人问题的同时，各季的海选新人（依次为川口晶、西真澄、浅田美代子）与堺正章、悠木千帆饰演的员工组成的“澡堂三人组”插科打诨，深受广大观众喜爱。

[55] ——《敏子阿姨》

TBS 于 1966 年播出的电视剧。树木希林在《七个孙子》中扮演的保姆（敏子阿姨）广受好评，因此制作本片时保留了该角色的设定。

[56] —— 桥田寿贺子

编剧、剧作家。1925 年生于京城府。1949 年入职松竹，为松竹首位女员工，分配至剧本部。1959 年自立门户。1964 年凭《要是上交了荷包》作为编剧出道。同年推出《凝视爱与死》，引发热议。代表作有《蒲公英》《心》《阿信》《春日局》《冷暖人间》等。以台词极长，且不容许导演和演员更改台词而闻名。

[57] ——《制作〈时间到啦〉的男人——久世光彦的电视剧世界》

2007 年由双叶社出版。通过长达六年的访谈，挖掘传奇之作的幕后故事。

[58] —— 冈本信人

演员。1948 年生于山口县。1962 年参演 NHK 电视剧《福泽谕吉》，作为儿童演员出道。参演《大胆妈妈》后渐成 TBS 家庭剧名配角，常出现在石井福子制作的节目中。由于石井多次与桥田寿贺子合作，也参演了大量桥田编剧的作品。代表作有电视剧“谢谢”系列、《冷暖人间》，电影《恶魔的手球歌》《少爷》等。

[59] —— 泽田雅美

演员。1949 年生于神奈川县。1964 年通过参演电视剧《目前 11 人》出道。代表作有电视剧《渥美清的不能哭》《大胆妈妈》《谢谢》《冷暖人间》《岸边相册》等，舞台剧《女人的家》等。

[60] ——**《大胆妈妈》**

1968 年至 1972 年于 TBS 播出三季的电视剧（共一百一十七集）。石井福子导演，平岩弓枝编剧。收视率高达 30% 左右，是超人气家庭剧的先驱，日后的《谢谢》《冷暖人间》与之一脉相承。参演者包括京塚昌子、山口崇、长山蓝子、泽田雅美等。

[61] ——**《冷暖人间》**

1990 年至 2011 年于 TBS 周四晚九点档播出的电视剧（共五百一十集）。参演者包括泉品子、长山蓝子、中田喜子、藤冈琢也、山冈久乃等。

[62] ——**《家之味，城之音——遥想尚有矮桌时》**

2001 年由主妇之友社出版，是久世光彦受敬爱的山本夏彦所托，将在杂志《室内》连载的文章集结而成的单行本。2006 年更名为《遥想尚有矮桌时》，由筑摩文库再版。

[63] ——**森光子**

演员。1920 年生于京都府。1935 年凭借电影《业平小僧：春霞八百八町》出道。1961 年被选为舞台剧《放浪记》主演。1966 年起参演《天国的父亲，你好》《时间到啦》等众多电视剧，赢得不可撼动的人气。2012 年去世。

[64] ——**访谈专栏**

指 2014 年 2 月 15 日《朝日新闻》刊登的《现在更该谈政治：二分法的世界观》。文中提到的贵乃花与武藏丸的比赛指 2001 年“五月场所”最后一日的决赛。

[65] ——**贵乃花**

退役大相扑力士（第六十五代横纲），电视艺人。1972 年生于东京都，本名花田光司。出身相扑名门，其父为贵之花利彰，伯父为初代若乃花。1990 年晋升为幕内力士。与哥哥若乃花掀起“若贵狂潮”。1994 年晋升为横纲。2003 年“一月场所”的第九日宣布退役（当时三十岁）。退役后担任贵乃花部屋师匠。2010 年就任日本相扑协会理事。2018 年辞去相扑协会的职务。

[66] ——**武藏丸**

退役大相扑力士（第六十七代横纲），电视艺人。1971 年生于夏威夷州欧胡岛，原名菲亚麻鲁·佩尼塔尼。因经济原因放弃大学升学，受邀入门武藏川部屋。艺名“武藏丸”取自武藏川部屋与本名“菲亚麻鲁”。1991 年晋升为幕内力士。2003 年“十一月场所”的第八日宣布退役。退役后就任武藏川部屋亲方，指导后辈力士。目前在开展演艺活动的同时担任相扑协会的监察委员。

[67] —— **小泉纯一郎**

政要。1942 年生于神奈川县。2001 年至 2006 年担任第八十七至八十九任首相。

[68] —— **《美空云雀物语》**

1989 年于 TBS 播出，片中穿插纪实录像，还原了真实的人物形象。岸本加世子饰演美空云雀。

[69] —— **美空云雀**

歌手、演员。1937 年生于神奈川县。十二岁主演电影《悲伤的口哨》，反响热烈，同名主题歌也售出四十五万张（刷新了当时的最高销量纪录），一跃成为国民歌手。1960 年凭借《哀愁的码头》获日本唱片大奖歌唱奖，人称“歌谣界的女王”。代表作有《东京 KID》《苹果追分》《是码头哟，父亲》《港町十三番地》《柔》《悲酒》《鲜红的太阳》《陋巷同酒馆》《乱发》《川流不息》等。1989 年去世。

[70] —— **《烈驹》**

1986 年播出的 NHK 晨间剧（第三十六部）。主演为当时的人气偶像齐藤由贵，描写了活跃在明治至大正时期一名女记者的半生。树木希林饰演主角四十三岁的母亲，表现出色，翌年获第三十七届艺术选奖文部大臣奖，与获文部大臣新人奖的齐藤成就“母女齐获奖”的佳话。

[71] —— **艺术选奖**

文化厅领导的艺术家表彰制度。1950 年启动。每年度向在各个艺术领域取得出色成绩的人物颁发“文部科学大臣奖”，别开生面者则颁发“文部科学大臣新人奖”。是枝裕和获得了第六十四届“文部科学大臣奖”。

[72] —— **桥爪功**

演员。1941 年生于大阪府。1961 年通过考试，成为文学座附属戏剧研究所第一期生。1975 年参与创立“戏剧团体圆”，现为该团体代表。活跃于舞台剧、电影与电视剧，从喜剧到正剧变换自如。代表作有电影《节哀顺变》《东京家族》、“家族之苦”系列等。参演的是枝作品有《奇迹》《比海更深》《第三度嫌疑人》。

第三章

关于吃，关于老

2016 年 4 月 11 日

于六本木摄影棚

有一次，我受希林老师邀请拍摄了一支纳豆的广告。那是2007年10月的秋季，《步履不停》的拍摄工作已经结束了。

“吃吃这金豆吧”——就是那支广告。广告的内容非常简单：希林老师坐在布景中的厨房餐桌边，专注地吃着纳豆，表现出很享受的样子。那副吃相着实漂亮。不，也许用“猛烈”这个词更贴切。只见她用筷子把大量白米饭和牵着丝的大颗纳豆扫到面前，用力一吸，把残留在嘴边的饭粒都一并吸了进去，随后发出豪快的声响，吐出无比享受的感叹：“嗯——”太厉害了。森繁老师在很多地方写道，“擅长栽跟头”是好演员的必要条件。我觉得能一边吃东西一边说台词也是好演员的条件之一。

然而客户对试映版的评价并不高。我间接听说，原因在于他们嫌希林老师的吃法太“粗俗”了。拍广告的时候，出现这样的分歧是常有的事。最开始提的要求明明是“请拍成纪录片风格”，看完成品却说“最好把文案改得再简明易懂一点”，也不知道说这话的是客户还是广告公司。现场的工作人员都搞不清最终决定权在谁手里，乱七八糟的，最终只能拍好几个版本备用，或是事后再用 CG 删删补补。

说回那支广告，我们只能用 CG 处理掉黏在希林老师嘴边的几颗纳豆，白白糟蹋了精彩的镜头。

后来，我跟希林老师提起了这件事。

她笑着说道：

“我又不是（吉永）小百合女士……”

除了电影，我与希林老师还在别处合作过好几次，包括广告，以及我本人参演的NHK 节目《课外辅导，欢迎前辈》[1]。在那期节目中，希林老师负责旁白。旁白需要一边看画面一边临场说话。不是拿着提前准备好的稿子念，而是把当时产生的感想插进去，跟影像搭配起来。那过人的动态视力和反射神经，以及百听不腻的遣词用句，恐怕跟她在影视片场的表现有不少相通之处，令我受益匪浅。

在访谈中，希林老师直截了当地问我：

“你到底看中了我的哪方面呢？”

一时间我不知该如何作答。如果非要把希林老师的魅力总结成一个词的话，那大概是“有趣”吧。树木希林是一个有趣的人。不是“精湛”，不是“快活”，也不是“有益”。说到底还是“有趣”吧。

从“演个背景”①到主演

是枝 这次我想一边看具体的作品片段，一边跟您聊。还是先从《东京塔：老妈和我，有时还有老爸》聊起吧。我当初要是没看那部作品，大概就不会请您加盟《步履不停》了。

树木 哦，是吗。

是枝 在那之前，您演的基本都是出场不多的配角吧。

树木 对对，稍微露个脸。

是枝 稍微露个脸，却把大家的注意力都勾走了。

树木 哪有，就是“演个背景”啦（笑）。

是枝 但是我感觉到，从这部作品开始，您对待作品的态度……或者说姿态吧，有了明显的变化。

树木 毕竟出场的镜头多呀，总不能像“演个背景”那样胡闹吧（笑）。

是枝 是这么回事啊？您的意思是，在戏份特别少的时候，您想在那段短暂的时间里给观众留下印象，所以……

树木 没错没错，用一瞬间让大家一看就明白。

是枝 您在 2005 年做了乳腺癌手术，而这部作品是 2007 年上映的。生病和接这个角色有没有密切的联系呢？

树木 一点关系也没有。吉永小百合[2]女士倒是说过，她不忍心

---

① 原文为“「チョイ演」”，为“チョイ役”（背景角色）的衍生表达。（编注）

看到我这个得了癌症的人来演这个角色。不过我的病没那么严重，我只是演了这个角色而已，公事公办嘛。

是枝　那么让您想要参演这部电影的契机又是什么呢？

树木　因为久世光彦导演找到我，说想把《东京塔》拍成电视剧，请我来演。利利（·弗兰克）[3] 先生很喜欢久世导演的电视剧，据说跟久世导演还有我合作是他的夙愿，所以虽然有很多人找他谈影视改编，他还是把自己的书托付给了久世导演。于是久世导演把书寄给了我，我一看，觉得很有意思。“有意思”大概不太贴切吧，反正我就是很感慨，心想：“啊……人生就是如此啊……”

然后久世导演跟我说：“富士电视台答应了，要拍成电视剧。”我回了他一句“我不会再上电视剧了”。其实我不是真的不想演，只是为了断他的念想才这么说的，还补了一句“是电影我就演”。因为久世导演以前搞砸过，所以不会拍电影了。为了“拍电视剧”还是“拍电影”拉拉扯扯半天，最终我还是松了口，说：“只演一场的话我就上。”然后（在作品首次影视化时改编而成的单集电视剧 [4] 中）演了个房东之类的角色。不过……久世导演在开拍之前去世了，所以导演换了别人。“是电影我就演”这话都放出去了，所以后来拍电影版的时候，我就演了“老妈”。

是枝　电影里有一个不太起眼的片段，给我留下了非常深刻的印象。就是“老妈”坐新干线去东京那场戏。

《东京塔：老妈和我，有时还有老爸》01:17:20～

新干线车厢内。老妈（树木希林饰）独自坐在座位上，眺望窗外。表情凝重，若有所思。

是枝　在这场戏里，您做了个小动作，把椅背稍稍调直了，对吧？

树木　那是决心呀，我的决心。

是枝　那是您的主意吗？

树木　导演应该什么都没说吧……

是枝　那个动作特别棒。在新干线的车厢里，看着前方，把椅背倏地调直……您的演法非常明快地表现出了“老妈”不准备再回故乡，而是要在东京生活下去的决意。

树木　这样啊。我自己倒是没想那么多。

是枝　镜头是越过前排座位捕捉您的表情的，笠松则通[5]老师的机位选得也好。再看看您吃挂面那场戏吧。

《东京塔：老妈和我，有时还有老爸》01:23:49～

我（小田切让饰）家。我与老妈坐在厨房的餐桌边用午餐。桌上摆着挂面和几盘小菜。我提起了存款和养老金。老妈听着，一口一口地吃着挂面。

树木　这有什么好的呀？

是枝 您的吃法好。

树木 一般不那么吃?

是枝 一般的女演员是不会吃那么多的，可您吃得特别多。您吃了两口，每一口送进嘴里的面条都非常多。

树木 还真是。而且一边吃，一边还要讲那么多台词呢。

是枝 没错。毕竟还有台词要说，一般人不会吃那么多的。

树木 哦……原来是枝导演会看这样的细节啊。对我来说，这么吃倒是理所当然的。

是枝 我觉得现在的女演员是吃不成这样的。您特别擅长演边吃边说的戏不是吗?

树木 倒不是擅长不擅长的问题……不这么演就假了呀。

是枝 您是跟谁学的呢?

树木 森繁老师和久世导演吧……还有向田老师也特别喜欢在剧本里写吃饭的场景。比如一场包粽子的戏，我们是真的要学粽子该怎么包。绕一圈，最后把粽叶塞进缝里什么的，从头到尾都要学一遍。真的动手去做，或者动嘴去吃。在演戏的同时，确确实实地把东西吃下去。我觉得这都是理所当然的。

是枝 可惜现在已经不再是理所当然了。

树木 如果让我演公主，那我肯定不会那么吃挂面的（笑），这不是没人请我演公主嘛。

是枝 我再问几个跟演员阵容有关的问题吧。在那部电影中，您女儿内田也哉子女士演了年轻时的“老妈”。这是松冈锭司[6]导演直接选定的，还是您的提议呢？

树木　是我跟秋山道男[7]先生聊天的时候说起来的。他是也哉子随笔集的责编，也是电影版《东京塔》的企划兼制片人。聊着聊着，我便说："让也哉子来演不就得了？"事后女儿还批评我了呢，说："妈妈，别搞捆绑销售行不行啊？"（笑）对了对了，秋山先生原本想请宋康昊[8]演"老爸"呢。可惜人家表示"不会日语，也没法赶在拍摄前学会"，就没有答应。

是枝　还有这回事啊。宋康昊也是我现在最想拍的演员呢。那小田切让[9]先生怎么样？

树木　我可是不讨厌他。不过拍海报的时候，秋山先生倒是嘟囔了一句"那家伙可真讨人厌啊"。我问："欸，哪里讨人厌了？"他却只回答："就是有点……"是不是嫉妒人家呀？（笑）

是枝　因为长得帅吧？可能秋山先生觉得人家在耍帅吧。

树木　啊，可能就是觉得人家在耍帅吧。不过他是个很温柔的人，浑身上下散发着某种……想要演绎角色的感觉，那是他特别吸引人的地方。

小卷卷头、菜刀和栗子

是枝　接下来聊聊《恶人》[10]吧。李相日[11]导演是那种对每场戏都非常讲究的导演吧？彩排要好几次，正式拍也要好几次。

树木 对。

是枝 您感觉怎么样？

树木 这个嘛……反正我的戏份少，所以忍得了（笑）。

是枝 卷发和服装是怎么敲定的呢？

树木 都是乱选的。我是想把小卷卷的假发处理掉（笑）。因为用过太多次了。所以试衣服的时候，我就拿过去问导演："不好意思，我想戴这顶小卷卷的假发……"结果导演回答："去（故事的舞台长崎）找外景地的时候，我发现当地的渔民大妈都烫着这种头。"他还说："放眼望去是清一色的小卷卷，我都怀疑她们是不是在同一家美发厅做的头发。所以您尽管戴就是了。"（笑）

是枝 原来那是您自己的假发啊？

树木 没错。不过当时连也哉子都看不下去了，气鼓鼓地跟我说："妈妈，你又戴那顶啊！？别戴啦！"（笑）

是枝 您在哪部作品用过？

树木 演背景角色的时候用过好几回。

是枝 说起着装，那部作品中您总会穿戴些紫色的物件，那是您自己选的吗？

树木 不，我没选，只是穿了自己穿得上的罢了。

是枝 这样啊。还有您背部的弧度好明显，衣服里面是不是塞了东西呢？

树木 嗯，不塞东西是不会有那种效果的。

是枝　故事的舞台设定在长崎，现场有方言指导老师吗？

树木　有的。

是枝　除了方言，您平时还会做些什么去凸显地方特色呢？

树木　我没在这方面花过心思呢……一点印象都没有。我有演出过地方特色吗？

是枝　有啊。您本人不是东京出身的吗？跟您聊几句就知道您是个“东京人”。

树木　是的。

是枝　但是您每次演东京人以外的人，都能演得惟妙惟肖。这部作品自然如此，《大诱拐》[12] 也是。

树木　还没有人跟我提过这茬呢。

是枝　您是有什么诀窍吗？

树木　没有诀窍啊……不过刚进文学座的时候，的确有人夸我耳朵好来着。所以我不乐意演那种操关西腔的角色。因为我自己一听就能听出差别来。稍微有句台词说得不标准，我就知道：“啊，错了！”

是枝　这样啊。

树木　因为语调不一样啊。而且关西方言不同于其他方言，熟悉关西腔的人不是还挺多吗？

是枝　要是来了个操关西腔的角色，您会推掉吗？

树木　嗯。我都推过好多回了，直说“我演不了”。因为要用关西腔的话，就没法随口即兴发挥了。

是枝　您知道自己发挥不了是吧。

树木　对，还没演就知道，所以才不乐意接呀。

是枝　还是回到《恶人》吧，这部作品中没有您即兴发挥的台词吗？

树木　好像没有。“哦”“啊”之类的还是有的，但也就这点了。

是枝　那就具体看几场戏吧。首先是我非常喜欢的一段，饰演儿子的妻夫木聪[13]先生和您边说话边吃饭。

> **《恶人》00:28:33 ~**
>
> 祐一（妻夫木聪饰）与房枝（树木希林饰）的家。祐一在暖桌边吃晚饭。房枝从厨房端来味噌汤后坐下。房枝一边说当天警察上门的事情，一边把用炉子热好的汤汁倒进空碗。然后房枝一口一口地喝着那汤汁，继续说她从警察那里听来的杀人案。祐一边吃边听。

是枝　在这场戏里，您拿起架在炉子上的锅，把锅里的汤汁倒进空碗，然后又把锅放回了原位。

树木　欸，你觉得我倒进去的是什么？

是枝　我就是不知道啊。桌上还有一个碗，您用筷子搅了搅碗里的东西，所以我觉得这碗应该是味噌汤。

树木　没错。

是枝　那您倒的那碗是什么啊？

树木　我当它是药呢。我自己有梅肉精之类的东西，就在拍摄现场熬成汤药喝，演出“好苦好难喝”的感觉来。

是枝 把锅里的汤汁倒进碗里，再把锅放回去，那种感觉特别棒。

树木 有种“这个人的日常”的感觉呢。

是枝 嗯，日常跃然眼前啊。

树木 手头有的东西啊，我都会想法子用上。《东京塔》的时候也是，他们说要拍老妈在手术前一天熨衣服，于是我就想，能不能做点比熨衣服更有意思的事情呢。我是不想演那种似曾相识的东西，可我要是在片场说“不是谁都会熨衣服的”，那岂不是太不懂事了嘛（笑）。于是我就把家里发黑的菜刀用报纸裹上，提着一锅栗子去了片场，在镜头前剥栗子吃。明明因为胃癌要动手术了，却不舍得剩下栗子，抓紧吃掉……我总会下意识地做出这种事情来，也因此栽过跟头啦。有一次我在表演的时候用了塑料瓶，结果就被人说了——“那个时代有塑料瓶吗？”

是枝 （笑）您说的是《挎斗摩托车里的狗》[14]吧。

树木 因为我拿到剧本以后只看有自己台词的部分，没搞清时代背景呀。怎么就没人提醒我一下呢（笑）。

是枝 再聊聊妻夫木先生吧，合作后您觉得他怎么样？

树木 感觉他是个直率的演员，称得上“好青年”。

是枝 所以会觉得身为《恶人》的主演，他身上还留着“好孩子”的部分……

树木 那是他的天资呀，是他原本就有的东西，没办法。不过他是真的很努力。在被评为日本电影学院奖最佳男主角的那个瞬间，那孩子一下子就哭出来了。所以我能看出来他是真的付出了努力……

是枝　我也有同感。不过对这部电影的评价已经有了定论，我没有立场再多加点评就是了。妻夫木先生特别擅长演绎像《Jose与虎与鱼们》[15]里那种有柔和的软肋的角色。

树木　怎么说呢，他的性格很好，不招人嫌，是个很率直的人。好比在《家族之苦》[16]里，周围所有人都上蹿下跳的，只有他老老实实待着，看着清清爽爽，多好啊。他还在丰田汽车的广告里演过长大了的野比大雄，那种角色特别适合他呢。

是枝　我也这么觉得。不过他大概还想在演员这条路更上一层楼吧。因为他很求上进，我也是发自内心地希望他在演艺方面再接再厉。

树木　是嘛。嗯，希望他能再接再厉呀。

抽掉骨头，把身体变小

是枝　再聊聊《记我的母亲》[17]吧。您接连参演了两部原田真人[18]导演的作品，一部是《记我的母亲》，另一部是《投靠女与出走男》[19]。您是因为跟他合作得很愉快，所以才继续合作的吗？

树木　原田导演可爽气了，从来不唠唠叨叨、愁这愁那。无论情况怎么变，他都能灵活应对。

是枝　“灵活应对”具体是指？

树木 比如有一场戏，本来设定的是盛夏，结果下了大雪。当时剧组在轻井泽拍外景，工作人员都愁死了，导演却说“拍啦”，最后干脆把剧本改成了雪中的场景。每次遇到问题，他都是这么处理的。还有一次原本要拍开船的镜头，结果当天突然下雨了，于是导演立刻弄来一大批伞。有了那些伞的点缀，画面就不会空空荡荡了。

是枝 他对情况的判断非常果断？

树木 不光果断，收获的结果也很好呢。

是枝 这里，随着影片的推进，您把角色越演越老。您对衰老的呈现特别到位，眼看着您整个人都变得越来越小了。

树木 嗯，是我有意那样演的。

是枝 怎么演的？

树木 就是把身体变小呀，自己来。比如坐着的话，“年轻时”要挺直后背，然后一点点弯腰，把身体蜷起来，到最后让胸口几乎贴着脸，脖子都看不见了。

是枝 确实。只是弓着背的话，我还能理解，可您这演法，脖子的位置都明显不一样了。不过“变老”就是这么回事。

树木 对对。

是枝 越是蹩脚的演员，就越是会弯腰弓背，想要营造出一眼就能看出“我老了”的感觉。

树木 还要在脸上画两条皱纹什么的。

是枝 我感觉您的演技设计跟那些演员是不一样的。

树木 我是把骨头抽掉了。

是枝 骨头啊……这种“抽掉骨头”的感觉是从哪里来的呢？

树木 在《寺内贯太郎一家》里，我不是演了个叫“寺内金”的婆婆吗？结果演着演着，剧里冒出了个货真价实的老爷爷，就是演“老岩”的伴淳三郎[20]老师。小林亚星[21]老师（饰演主人公贯太郎）当时才四十出头，加藤治子老师（饰演贯太郎之妻）的腰板也是笔直的。可伴淳老师是货真价实的老爷爷，而我得跟他一起演啊。

是枝 那真是难为您了。

树木 我们之间是有对话的，他说一声：“小金啊……”我回一句：“怎么啦，小岩？”可是光凭音色来总不是回事啊。所以我把身体重心压得很低，把胯部以上拉长，好显得脚短一些。为了不让观众看出我弯着膝盖，我还穿了略偏肥大的下装。这方面当然多亏了服装的修饰。总之我就是靠着这些法子把身体整个缩小了。我当时觉得也只能这么办了。

是枝 您是观察了伴淳老师，然后借鉴了他的体型特征吗？

树木 不止是他，大概还观察了各种各样的老人吧。

是枝 在《记我的母亲》后半部分，有一场戏是您跟饰演您女儿的木村绿子[22]老师一起坐在套廊。您在那场戏里的坐姿真是太到位了。

《记我的母亲》01:45:43～

汤岛的八重（树木希林饰）家。套廊。秋日的阳光中，八重跪坐在坐垫上。女儿志贺子（木村绿子饰）坐在她身边。八重嘴里塞满食物，带着平静的表情眺望院子。

是枝 您看，画面中的您多小啊。

树木 还真是挺小的。我是把腰往下沉，把厚度都拨到侧面去了。

是枝 您说得轻巧，可普通人演不出来啊。

树木 大概是我身上的某个部分比较软吧。高难度的体操是做不来的，但有些地方可能比较软吧。

是枝 您会对着镜子研究研究吗？

树木 那是不会的。

是枝 可是您把骨头抽掉了啊。

树木 嗯，是有抽掉骨头的感觉。没法真的抽掉就是了。

是枝 我做的笔记里写着“堪比 CG”（笑）。而且我还觉得这场戏的演法和您在《寺内贯太郎一家》中呈现衰老的方式有点不太一样。

树木 站在这个角度看，《寺内贯太郎一家》的演法有点偏漫画的感觉呢。不过多亏了这部片子，让我在久世导演的剧里演了老婆婆，直到现在，我也能随手演个老婆婆。真是占了不少便宜呢。

是枝 除了“抽掉骨头”，您还在别处花了心思吧？比如嘴边的动作。您是不是放松了嘴边的肌肉？

树木 是呀。

是枝 有您实际演示，我一眼就能瞧出“原来老人家的这个部位会变得松弛”，可要是不看您的演示，我就很难看出来。“吃东西时嘴边的肌肉要有弛缓的感觉”这一点是通过观察总结出来的经验吗？

树木　对呀。走在街上，不是能看到很多那样的老人家吗？我就想变成那样。拍《步履不停》时，我也做过类似的事情呀。当时我装了一部分假牙，我问你：“我能把假牙拆下来洗一洗吗？”你回答：“洗是可以的，不过把假牙装回去的动作也请一并让我拍下来。”照理说，谁会让女演员做这种动作呀（笑）。

是枝　那段表演可精彩了。下面再看看您大吵大闹的那场戏吧。

《记我的母亲》01:22:40 ~

东京的洪作（役所广司[23]饰）家。母亲八重（树木希林饰）在屋里大吵大闹。儿媳美津（赤间麻里子饰）、二女儿纪子（菊池亚希子饰）、三女儿琴子（宫崎葵饰）、保姆贞代（真野惠里菜饰）上前劝阻，可八重就是不消停。而洪作刚走出书房，八重便突然安静了下来。

树木　其实这场戏原本是让儿子（役所广司饰）的妻子来安抚我，让我平静下来，可我完全没被劝住。因为她就摸了下我的手臂啊。我还记得自己大吼了一声：“摸我干吗！”

是枝　演老人的时候，您会考虑到“速度”吗？

树木　嗯，我不会因为自己演的是老人就慢慢地动。这场戏也是，第一次排练的时候，大家都没能完全拉住我。

是枝　普通演员会把动作故意放慢呢。

树木　对对。

是枝　但您不会那么做。

树木　不会。演这场戏的时候，连导演都开口说“好好拉住她啊”，可谁都没能削弱我的势头。毕竟我那个角色的情绪处于歇斯底里的状态。眼看着儿媳拦不住我……

是枝　就改成役所老师出来了？

树木　对，他说“我来吧”。所以最后改成“儿子一出来，我就想通了，心情也平静了下来”。

是枝　原来如此。

树木　能感觉到的呀。在被儿子抓住的那一瞬间，我就能感觉到自己是无法反抗他的。我就是像这样动“身体”的。

是枝　最后再看看役所老师背您那场戏吧。

《记我的母亲》01:44:44 ~

沼津的海。黎明的岸边，洪作（役所广司饰）背着母亲八重（树木希林饰）站着。洪作光着脚，裤脚卷起，背着八重走向水边。洪作对背上的八重说话。八重抓着洪作的肩膀，脸搁在他背上听着他说。

是枝　役所老师背上的您显得特别小，特别轻。

树木　好小呀。不过他其实没什么力气，很难把我背起来。所以我得先站到垫脚台上，然后靠在他背上，演出他背着我、而我显得很小的样子。

是枝　役所老师是个怎样的演员呢？

树木　他特别厉害。没有多余的东西。

是枝　多余的东西是指？

树木　不会用多余的表演交待心里的想法。

是枝　我也是无论看役所老师演什么，都觉得他太厉害了。明明没有为了塑造角色改变自己的外形，可是在登场的那一瞬间……

树木　就变成了另一个人。

是枝　对，就看起来判若两人。您觉得这是为什么呢？

树木　他的改变不是通过外形实现的呢。

是枝　他一出场，就让人觉得这是位知识分子，可有时候看起来又像是个乡下的农民。

树木　应该还是精神状态到位吧？

是枝　只调整精神状态啊……跟“模仿形态”完全相反呢。

树木　没错。他总能完全变成自己要演的那个角色。从某种角度看，利利先生也有类似的特质呢。

台词要边动边说

是枝　接下来看看我的作品《步履不停》吧。您在片中戴了个蕾丝领子，那是您在第一次试装的时候自己带来的。您还记得吗？

树木 嗯，记得。

是枝 您是看过剧本之后，就立刻想到要给角色配上蕾丝领子的吗？

树木 嗯，一看就有了这个点子。我心想，家里还有多余的领子，得赶紧用上。

是枝 跟《恶人》的假发套一样啊（笑）。

树木 这也是一方面啦。你瞧，给我准备的戏服不是普通的棉质轻薄连衣裙嘛。虽然是照着我的尺码来的，但这个角色毕竟是医生的太太，我就想她年轻时会不会有什么兴趣爱好呢。而且这不过是两天内的故事，那不就不存在什么换装了嘛。于是我说："让我戴吧。"那领子原本是白色的，是我染成那种颜色的哦。戴不戴感觉还是有点区别。怎么说呢，能透过它稍稍看出家庭和人物的背景吧。

是枝 嗯，您的点子特别棒。接下来让我们看一看夜里的那场戏。您在厨房一边钩蕾丝，一边说出最重要的那句台词——"才十来年就忘记，那可不行。"

> **《步履不停》01:14:36 ~**
>
> 夜晚，横山家的厨房。敏子（树木希林饰）正坐在餐桌旁编织。良多（阿部宽饰）为了抽烟走到换气扇旁。两人开始交谈。

是枝 在这场戏里一边钩蕾丝一边说台词的主意，是跟蕾丝领子同时想到的吗？

树木 不，是因为桌上放了编织用的小道具吧。

是枝 啊……也许是放了。那您是看到小道具才想到的吗？

树木 对啊，我还没那么聪明，想不到那么远。不过说那种尖刻的台词时，我总归是想一边做点什么的。

是枝 还记得您当时说过“不想让手停着”。在这场戏里，您还有一处演得特别好的地方。

> **《步履不停》01:15:24～**
>
> 夜晚，横山家的厨房。良多从胸前口袋掏出一张一万元的钞票，递给正在编织的敏子。敏子说着“好开心呀”“那就不客气啦”，然后用双手接过。她一边说“买点什么呢”一边做出相扑力士劈手刀[①]的动作。接着敏子聊起了力士。

是枝 这个力士劈手刀的动作是您临场发挥的。

树木 啊，是的。

是枝 剧本里的确写了要从这里开始切换到相扑力士的话题，但那样恐怕会有些唐突。而您加的这个手部动作，让话题的过渡一下子变得非常流畅了。

树木 还真是，我倒是完全没有意识到呢。

是枝 这其实是我在剧本里写得不够到位的地方。所以在片场看

① 力士赢得所谓的“悬赏金”后做的动作，代表向神明致谢。

到您做这个动作的时候，我就觉得真是了不起，您完美掩盖了剧本的弱点。那我们接着往后看一段吧。

《步履不停》01:18:12～

夜晚，横山家的厨房。听到丈夫（原田芳雄饰）走出浴室的声响，敏子让良多跟孙子一起去泡澡。她放下手上的针线活，一边喊儿媳由香里（夏川结衣饰）的名字，一边起身，发着关于丈夫的牢骚往杯子里倒水，从橱柜里拿出丈夫的药放在托盘上。她示意来到厨房的由香里带孙子去泡澡，然后离开厨房去取良多的睡衣。

是枝　我特别喜欢您像这样边动边说台词。

树木　啊……大家很少会这么演戏呢。

是枝　而且您是嘟嘟哝哝的。其实剧本上是写了台词的。

树木　因为我说的是孩子他爸的坏话呀。说坏话的时候，我都会特意不说清楚。

是枝　您喊了一声“由香里——”，然后准备泡澡用的东西，又拿出了丈夫的药，同时还说着丈夫的坏话。看到您同时做了好几件事，我就不由得感叹，做母亲的确就是这样啊。片刻前才说出最沉重的台词，忽然又回归日常，母亲的动作和情绪一下子就释放出来了。您完美呈现了那种转调的感觉。

树木　这样啊。平干二朗[24]老师也跟我说：“《步履不停》我看了，我可没本事演成那样。”我都高兴坏了。

是枝　再看一段吧。电影结尾，原田芳雄老师跟您在公交车站送走了儿子一家，然后爬坡往回走。

> **《步履不停》01:45:28 ~**
>
> 连接公交车站与横山家的坡道。儿子一家搭乘的公交车开走后，恭平（原田芳雄饰）爬坡往上走。敏子（树木希林饰）仿佛追赶丈夫一般，跟在他身后稍远处，也沿着坡道往上走。

是枝　拍这场戏的时候，我看着您的动作心想："跟杉村春子老师的步态好像啊。"

树木　啊，是吗。

是枝　就是下意识地觉得："啊，是杉村春子啊！"

树木　是我身上的连衣裙让你联想到了《东京物语》[25]里的杉村老师吧。

是枝　也可能是受了衣服的影响……不过我最近重看了佐久间良子[26]老师主演的电影《湖之琴》[27]。您从第一幕开始跟佐久间老师一起出场，走向抽蚕丝的地方。您在片中的步态确实跟杉村老师一模一样啊。

树木　只要穿上和服，是个人都会那样走路的。

是枝　不不，不是每个人都会那样走的（笑）。

树木　太地喜和子[28]老师跟小川真由美[29]老师也说过，穿了和服就会那么走路了。

是枝 真的吗？都会变成杉村春子吗？

树木 可不是嘛，文学座的女演员都会变成那样。

是枝 为什么呢？

树木 因为一穿和服……啊，穿连衣裙也会那样走了（笑）。

是枝 我总觉得是膝盖周边的用法跟别人不太一样。不对，关键是不是腰部？

树木 （把一侧肩膀稍稍往下压）“我说你啊——”光是像这样把肩膀一压，就成了杉村老师，真不可思议啊……啊，我知道了！是因为她的腰骨位置比普通日本人的高啊。我也是。这跟腿长是两回事。所以穿和服特别不好看。如果是没有腰、个子高的身材，穿是能穿上，但衣服会突然往上跑。

是枝 可能关键就在这儿吧，总觉得您的步子比较轻盈。

树木 原来如此啊，你怎么净盯着这种无聊的细节呀。

是枝 也许是有点无聊吧（笑），可我一直纳闷为什么会这样呢。因为您的步态明显跟别人不一样。

树木 有吗？下回我仔细观察一下。安田（匡裕）先生（制片人）怎么评价这部电影？

是枝 安田老师非常喜欢《步履不停》。在我的作品中，这应该是他最喜欢的一部吧。可惜票房成绩不太理想。

树木 可不是嘛。

是枝 虽然票房不好，但安田老师……跟我单独出去吃饭的时候送了一块表给我，大概是为了安慰我吧。他说："这表是别人送的，可我也不戴，送给你好了。"然后就在荞麦面馆的吧台递给我一块卡地亚的手表。事后一打听才知道，那是他亲自去买的。当时他还对我说："谢谢你拍了那样一部电影。"

树木　欸……这样子，他还是很认可的啊。那我就能稍微松口气了。

在我怀着紧张的心情首次见到希林老师的一个月后，《步履不停》的剧本大功告成了。7月6日，我邀请阿部宽先生、夏川结衣[30]女士、YOU女士、原田芳雄[31]老师、希林老师一起读剧本。

我事后才听说，在读剧本前不久，阿部先生给夏川女士打了一通电话，吐露了心中忧虑："该怎么把这份剧本呈现得更有意思呢……我有点把握不准。"不过我倒觉得，这样的距离感刚刚好，反而能呈现出被母亲（希林老师饰）、父亲、姐姐、妻子和儿子牵着鼻子走的良多的神髓吧。

读完剧本后，希林老师在大家面前发表了感言："这剧本真不错啊。有意思。"原田老师也说"是啊……"表示赞同，这让我开心极了。剧本里有一幕是母亲提起原田老师饰演的父亲在卡拉OK唱谷村新司的《昴》[32]，笑话他"唱演歌"。原田老师自己嘟囔了一句："《昴》不是演歌吧……"大家也是各抒己见，七嘴八舌地说："那它算什么类型的曲子？歌谣曲吗？"讨论十分热烈，气氛欢快极了。于是我就在下一稿的剧本里给原田老师加了一句反驳的台词：“《昴》可不是演歌哦……”

我们敲定在7月17日办驱邪仪式，19日开机，各项准备工作迅速推进。希林老师饰演的母亲做菜的戏，尤其是炸玉米天妇罗那场，和我的记忆也有很深的联系，是我想要重点拍的几场戏之一，于是我们决定彩排一下。问题是，要怎么掰下玉米粒呢？油温要控制在多少度呢？是一百八十度还是二百度呢？面糊要裹多少呢？调整过油温和面糊用量的组合后，玉米便伴随着巨响在锅里炸开了，搞得灶台周围一片狼藉，简直跟刚发生过爆炸事故似的。有工作人员提意见了：“让演员操作太危险了。”甚至有人怀疑起我的记忆，说：“导演的妈妈真是这么炸的吗？”怎么办呢？就没有更安全的办法了吗？见我在发愁，希林老师便说了这么一番话：

“我来吧，不会有问题的啦。万一脸上烫伤了，就演个脸上有烫伤疤痕的女人好了，放心吧。”

听到这番话，工作人员便也下了决心，最终我们顺利拍完了那场戏。我仍记得，希林老师在那种情况下表现出的幽默与遣词用句的品位，着实教我感动。

在准备拍摄的过程中，希林老师提了两点想法。其一是给黑泽和子[33]女士所准备的衣服搭配她亲自钩的蕾丝领子。其二是想在浴室那场戏里摘下假牙洗一洗。剧本里写道，母亲跟以前一样，问长大了的儿子：“你的牙没坏吧？让我瞧瞧！”儿子则表现得很抗拒。也许就是这一处让希林老师有了灵感（给母亲加上戴假牙

的设定，会让这句台词更有说服力）。

希林老师提的点子基本都是这样，乍看稀奇古怪，殊不知她是带着逻辑从俯瞰的角度审视了整部作品才开口的，所以那些点子大多跟另一场戏、另一句台词密切相关。我发现，要是没有察觉到这一点就轻易采纳或驳回她的提议，她就不会把你看成一个值得信任的导演，我便不时提醒自己："一刻都松懈不得啊……"

《步履不停》的拍摄工作是在盛夏进行的，虽然是在东宝的摄影棚里拍，可只要迈出去一步，便是滚滚而来的热气。渐渐地，午饭后聚到一起猜拳、输家请大伙吃冰激凌（人称"冰激凌猜拳"）便成了固定节目。

参与冰激凌猜拳的人数一天多过一天。每一把当然都是动真格的，不过要是最年轻的助手输了，大伙就会把路过的制片人抓过来，逼着他跟输了的助手再比一轮，让他掏钱请客，好不痛快。连夏川女士、阿部先生跟YOU女士都在中途加入了猜拳的行列，别提有多热闹了。

在片场，阿部先生对大家不是一般的体贴。一看到摆在慰问品专区的零食点心变少了，他就会把经纪人叫来，给出极其详细的指示，比如"最好来点清凉的东西，帮我准备那个果冻吧"（那时的番茄果冻真的非常好吃）、"大家都有点累了，这种时候有甜点就最好了。来点美仕唐纳滋的甜甜圈吧。我想想，这种形状、软软的款式来十个，奶油馅的来五个……"如此这般，别提有多周到了。我当然是非常感激的，不过真没想到人高马大的阿部先生竟如此注重细节，这样的反差着实有趣，以至于我一直在想，要是有朝一日再请他参演，一定要把那些话写进台词里。

希林老师好像也非常享受与演职人员一同度过的和睦时光。在拍摄工作临近尾声的时候，她提议道："安排慰问品什么的，我实在不太在行，就请大家吃顿晚饭吧。"机会难得，我们便点了人人都爱吃的叙叙苑精选便当。那天刚巧有烟花大会，于是大伙都上了东宝大楼的屋顶，一边欣赏烟花，一边享受美味的烤肉便当。这样的场景仿佛就发生在昨天。

顺便一提，希林老师最后提到的"安田先生"是和相米慎二[34]导演搭档制作了《搬家》[35]《请到东京上空来》[36]的制片人。从我出道以来，他一直像父亲那样对我照顾有加，是我的恩人。希林老师也非常信赖他……不，应该是觉得他很有趣。每次见到安田老师，她都要感慨万分地自言自语一番："你这人啊，有时候眼神非常阴暗呢……"以至于后来她一见到安田老师，便会哼出内藤康子的热门曲《弟弟啊》[37]的歌词：

"那阴暗的……阴暗的眼睛……生着闷气"

干我们这行的可没人会像这样调侃安田老师，所以他本人好像也很享受的样子。

安田老师离开我们有十年了。他在广尾的荞麦面馆送我的那块表，我只会在去戛纳、威尼斯这样的特殊场合拿出来戴。

安田老师（右）十分喜爱的照片

原书注释

[1] ——**《课外辅导，欢迎前辈》**
1998年至2016年于NHK播出的教育类节目。是枝裕和参演了2014年12月26日播出的“透过摄影机邂逅世界”。

[2] ——**吉永小百合**
演员、歌手。1945年生于东京都。1959年出演个人首部电影《呼唤清晨的口哨》。代表作众多，有《化铁炉的街》《凝视爱与死》《青春之门》《阿娴》《天国车站》《华之乱》《长崎漫步曲》《北之零年》《母亲》《弟弟》《不可思议的海岸物语》等。吉永小百合在其主演的电视剧《老妈的味道》（1970）中首次与树木希林合作，两人就此成为时常聚餐的密友。另外在电影《梦千代日记》（1985）中，吉永所饰角色临死前的台词是“好怕原子弹”，而社会派导演浦山桐郎希望她改成“好恨原子弹”，但她拒不接受，表示“这么说不对”。同样参演此片的树木在若干年后称，看到吉永采取这样的态度，自己就“认可了她”。

[3] ——**利利·弗兰克**
插画师、作家、演员。1963年生于福冈县。根据自己与母亲相伴的半生写就的《东京塔：老妈和我，有时还有老爸》（2005年出版）畅销二百万册。首次主演的电影为《周围的事》（2008）。参演的是枝作品有《如父如子》《海街日记》《比海更深》《小偷家族》。

[4] ——**单集电视剧**
2006年11月18日于富士电视台播出。导演久世光彦选定大泉洋为主角，并向田中裕子、加藤治子、小林薰、树木希林等人发出邀约。然而2006年3月临开机前，久世导演突然离世。剧组任用了新导演，在尊重久世导演遗志的前提下继续制作。翌年，富士电视台推出了本作的连续剧版。

[5] ——**笠松则通**
摄影导演。1957年生于爱知县。毕业于日本大学艺术学部电影学科。代表作有《不要口出狂言》《打水的金鱼》《星闪闪》《水中八月》《脸》《亡国神盾舰》《最后的座头市》《大鹿村骚动记》《不可饶恕》《怒》等。

[6] ——**松冈锭司**
电影导演。1961年生于爱知县。毕业于日本大学艺术学部电影学科。导演出道作为1990年的《打水的金鱼》。代表作有《星闪闪》《鬼娃娃花子》《美好的年代》《再见！小黑》

《欢乐颂》《深夜食堂》等。

[7] —— **秋山道男**

编辑、制片人、创意总监。1948 年生于千叶县。十九岁时入职若松孝二的“若松制作”，负责剧本、音乐、海报制作并担任副导演。以“秋山未知污”的名义参演若松导演的作品。1978 年创立事务所，名为“秋山计划”（后更名为“Sukoburu Complex 公司”）。在杂志编辑、单行本装帧、无印良品的整体策划、The Checkers 乐队和小泉今日子的综合包装策划等不同领域活跃。2018 年去世。

[8] —— **宋康昊**

演员。1967 年生于金海。从庆尚专门大学传播演艺科辍学后入伍。1996 年出演个人首部电影《猪堕井的那天》。1999 年凭借《生死谍变》走红而成为韩国的代表性实力派演员。代表作有《共同警备区》《杀人回忆》《孝子洞理发师》《汉江怪物》《密阳》《蝙蝠》《嚎叫》《雪国列车》《辩护人》《密探》《出租车司机》等。

[9] —— **小田切让**

演员。1976 年生于冈山县。在加州州立大学弗雷斯诺分校主攻戏剧学，后休学。1999 年通过舞台剧 *DREAM OF PASSION* 出道。首次主演的电影为《光明的未来》(2003)。代表作有《血与骨》《彩虹老人院》《摇摆》《转转》《民男的幸福》《藤田嗣治》《跨越栅栏》《埃内斯托》等。参演的是枝作品有《空气人偶》《奇迹》。

[10] —— **《恶人》**

根据吉田修一的同名小说改编的电影，由李相日执导。2010 年上映。

[11] —— **李相日**

电影导演。1974 年生于新潟县。从神奈川大学经济学部毕业后，进入日本电影学校（现为日本电影大学）。毕业设计作品在 Pia 电影节获四项大奖，为有史以来首次。之后以自由副导演的身份开展活动，凭《跳了线》作为导演出道。代表作有《69》《天堂失格》《扶桑花女孩》《恶人》《不可饶恕》等。

[12] —— **《大诱拐》**

根据天藤真的小说改编的电影，由冈本喜八执导。1991 年上映。

[13] —— **妻夫木聪**

演员。1980 年生于福冈县。自高中时代担任杂志读者模特，博得人气。

1998 年凭电视剧《闪亮的日子》作为演员出道，并在同年上映的电影《谜之转校生》中首次担任主演。代表作有《五个扑水的少年》《Jose 与虎与鱼们》《春雪》《恶人》《昔日的我》《东京家族》《刺客聂隐娘》、“家族之苦”系列、《怒》《愚行录》等。在野田秀树的舞台剧中也相当活跃。

[14] ——**《挎斗摩托车里的狗》**
根据长岛有的同名小说改编的电影，由根岸吉太郎执导。2007 年上映。

[15] ——**《Jose 与虎与鱼们》**
根据田边圣子的同名短篇小说改编的电影，由犬童一心执导。2003 年上映。

[16] ——**《家族之苦》**
山田洋次导演的电影，2016 年上映，为其自《寅次郎的故事：寅次郎红之花》以来时隔二十一年首次执导的喜剧片。第二部与第三部分别在 2017 年和 2018 年上映。

[17] ——**《记我的母亲》**
根据井上靖的同名小说改编的电影，由原田真人执导。2012 年上映。

[18] ——**原田真人**
影评人、电影导演、编剧。1949 年生于静冈县。在洛杉矶积累了执导电影的经验，于 1979 年推出导演处女作《再见电影之友：印度的夏天》。代表作有《涩谷 24 小时》《突入！浅间山庄事件》《超越巅峰》《记我的母亲》《投靠女与出走男》《日本最长的一天》《检察方的罪人》等。

[19] ——**《投靠女与出走男》**
以井上厦的小说《东庆寺花讯》为参考的电影，由原田真人执导。2015 年上映。

[20] ——**伴淳三郎**
喜剧人、演员。1908 年生于山形县。1927 年进入日活大将军摄影所，从事龙套演员的工作。1951 年起成为新东宝旗下艺人。主演《哎哟喂天国》，爱称“伴淳”。1958 年与森繁久弥、弗兰克·堺共同出演的“站前”系列红遍全国。既是知名喜剧演员，又凭 1965 年《饥饿海峡》中老刑警一角展现了严肃的演技，获每日电影奖最佳男配角奖。1981 年去世。

[21] ——**小林亚星**
作曲家、演员、电视艺人。1932 年生于东京。从庆应义塾大学经济学部毕业后，师从音乐家服部正。创

作了 Renown 的《热闹姑娘》、日立集团的《日立之树》、明治制果的《切尔西之歌》等广告歌曲，以及《魔法使莎莉之歌》《亚子的秘密》等动画歌曲，写就多首热门金曲。1974 年凭《寺内贯太郎一家》作为演员出道。贯太郎的原型是向田邦子的父亲，导演久世光彦之所以请没有表演经验的作曲家小林饰演这个角色，是因为高木友之助、弗兰克·堺都拒绝了他。见到小林在 TBS 的理发厅剃成光头的模样，向田便认可了选角，因此久世也只得接受。剧中的贯太郎五十一岁，而小林当时仅四十一岁。

[22] —— **木村绿子**

演员。1961 年生于兵库县。1984 年加入牧野望（日后的丈夫）创立的剧团 M. O. P，在 2010 年解散之前作为头牌女演员活跃。从 2000 年前后开始参演影视剧。参演过是枝作品《海街日记》，饰演护士长。

[23] —— **役所广司**

演员。1956 年生于长崎县。进入无名塾后，于 1980 年凭 NHK 晨间剧《小夏的照相馆》正式出道。因参演《德川家康》《宫本武藏》等 NHK 时代剧受到瞩目。主演 1996 年上映的热门电影《谈谈情，跳跳舞》。电影代表作有《蒲公英》《眠男》《鳗鱼》《X 圣治》《人造天堂》《艺伎回忆录》《呼喊》《通天塔》《十三刺客》《记我的母亲》《渴望》《蜩之记》《孤狼之血》等。参演是枝作品《第三度嫌疑人》，而据说促成此次出演的契机是役所在上映前一年寄给是枝的贺年卡上的一句话——“差不多是时候了吧。”

[24] —— **平干二朗**

演员、电视导演。1933 年生于广岛县。1956 年加入俳优座，参演《四谷怪谈》《浮士德》等作品。1963 年作为常规演员参演电视剧《三匹之侍》。1968 年成为自由演员。曾主演浅利庆太、蜷川幸雄的舞台剧，多次担任 NHK 大河剧主演，是日本最具代表性的著名演员之一。2016 年去世。

[25] —— **《东京物语》**

小津安二郎导演的电影，1953 年上映。故事讲述年迈的父母自尾道来东京，长子、长女却无暇照顾。唯一搭理他们的是战死的次子的遗孀纪子……笠智众、原节子主演。杉村春子饰演长女。

[26] —— **佐久间良子**
演员。1939 年生于东京。1958 年凭电影《苦闷的青春》中的小角色出道。后成为东映东京摄影所的明日之星，广受期许。代表作有电影《人生剧场：飞车角》《五号街夕雾楼》《越后筒石亲不知》《我们的斗争》，电视剧《女太阁记》等。

[27] —— **《湖之琴》**
根据水上勉的同名小说改编的电影，由田坂具隆执导。1966 年上映。

[28] —— **太地喜和子**
演员。1943 年生于东京都。通过东映 New Face 第六期试镜。1963 年离开东映，加入俳优座。被杉村春子在《欲望号街车》中的表演所震撼，于 1967 年加入文学座。同年主演电影《吃花的虫》。电影代表作有《草野中的黑猫》《寅次郎的故事：再见夕阳》《火祭》等。1992 年因车祸去世。

[29] —— **小川真由美**
演员。1939 年生于东京。1961 年进入文学座附属研究所，同年入所的还有树木希林、岸田森等人。1963 年凭借《母》通过大银幕出道。1971 年离开文学座。代表作有电影《两只母狗》《女人的一生》《鬼畜》《没有餐桌的家》等，电视剧“女鼠小僧”系列、《孤独的赌注》《爱 full 大作战》《华丽一族》等。

[30] —— **夏川结衣**
演员。1968 年生于熊本县。起先从事模特工作，后于 1992 年凭电视剧《在爱的名义下》作为演员出道。代表作有电影《夜又临》《我们曾经喜欢的事》《天然子结构》《孤高的手术刀》《东京家族》《昭和 64 年》等，电视剧《青鸟》《结婚前夜》《鬼邻人》《菊亭八百善的人们》《87%》《不能结婚的男人》《顶尖营业员》《迟来的雨》《幸福的黄手帕》等。参演的是枝作品有《距离》《花之武者》《步履不停》《奇迹》。

[31] —— **原田芳雄**
演员。1940 年生于东京。毕业于俳优座养成所。1967 年借电视剧《天下青年》出道。翌年出演电影《听得到复仇之歌》，首次亮相大银幕。凭压倒性的存在感与精湛的演技广受欢迎。代表作有电影《暗杀坂本龙马》《节日的准备》《流浪者之歌》《鬼火》《大鹿村骚动记》等，电视剧《第五号刑警》《独眼龙政宗》《砂之器》等。参演的是枝作品有

《花之武者》《步履不停》《奇迹》。2011 年去世。

[32] ——《**昴**》

谷村新司的单曲，1980 年发行。用作日果威士忌产品 Super Nikka 的广告歌。谷村兼顾 Alice 乐队与个人音乐活动，《昴》则是他销量最高的个人单曲，共售出六十万张。是枝在创作《步履不停》的剧本时进行了调研，发现医生喜欢在卡拉 OK 唱《昴》和《我的方式》，于是就选择了《昴》。

[33] —— **黑泽和子**

服装设计师、散文家。1954 年生于东京都，导演黑泽明的长女。从 SUN 设计研究所、伊东服装研究所设计科毕业后移居意大利。母亲去世后回国，为“黑泽制作”工作。1988 年负责黑泽明作品《梦》的服装设计，之后一直从事服装相关工作。代表作有《八月狂想曲》《袅袅夕阳情》《雨停了》《黄昏清兵卫》《座头市》《博士的爱情方程式》、“极恶非道”系列、《清须会议》《假面饭店》等。参与的是枝作品有《花之武者》《步履不停》《如父如子》《比海更深》《第三度嫌疑人》。因负责《小偷家族》的服装设计获艺术选奖文部科学大臣奖（电影部门）。

[34] —— **相米慎二**

电影导演。1948 年生于岩手县。1972 年从中央大学法学部退学，进入日活摄影所担任合约副导演。1980 年推出导演处女作《飞翔的一对》，由药师丸博子主演。1981 年执导大热影片《水手服与机关枪》。1982 年与长谷川和彦、根岸吉太郎等年轻导演共九人创立策划制作公司 Director’s Company。代表作有《乳臭未干的骑士》《台风俱乐部》《雪之断章：情热》《搬家》《啊，春天》《风花》等。2001 年去世。

[35] ——《**搬家**》

根据田中正彦的同名小说改编的电影，由相米慎二执导。1993 年上映。田畑智子的出道作。

[36] ——《**请到东京上空来**》

相米慎二导演的电影，1990 年上映。牧濑里穗的出道作。

[37] ——《**弟弟啊**》

内藤康子的出道单曲，1975 年发行。累计销量六十五万张。

第四章

演绎不起眼的寻常人

2016 年 3 月 14 日

于 IINO 南青山工作室

《比海更深》中的个人失败

是枝　那天您请我去一家叫小川轩的餐厅共进午餐，于是我就在吃饭的时候把《比海更深》的初稿给了您。我还同时邀请您加盟《海街日记》，您立刻答应下来，表示：“既然是这么个角色，那我就演吧。”可是过了一阵子，您就把《比海更深》的邀约给拒了，说“这个我大概演不了”。

树木　那份剧本当然写出了只有导演你才能写出来的影像世界，但我在看到剧本的那一瞬间想了很多很多，比如“这个角色不一定非得我来演啊，年龄差不多的人都行”啦，“要是票房又不理想，那可就太对不起导演了”。再加上日程也跟其他电影的拍摄工作冲突，我就去找你还剧本了。

是枝　我忙说：“不行不行，缺了您不行啊！”于是那份初稿就在我俩之间来来去去了一个多小时（笑）。

树木　简直没完没了，最后我实在拗不过你，只好答应下来。谁叫我是个急脾气呢。

是枝　毕竟我是抱着您不演我就不拍了的决心去的，不过我也知道您当时在担心什么。

树木　我在担心什么？

是枝　“观众想不想看这个啊？”您是这么跟我说的，“我明白你为什么找我演这个角色，也理解你想要拍这个的心情，但观众想不想看呢？”您还在烦恼“我能不能给这部作品增添什么新的元素呢？”。

树木　没错。在《步履不停》里，我演的角色背负着无处宣泄的悲伤，她能理解救人的心情，但儿子终究是为此丢了性命。而这一次的角色竟然没有任何包袱呢。

是枝　您当时还说，“作为演员，感觉有些无从下手”“没有成就感”。不过正因为这样，我才想请您来演。

树木　这是常有的事。选角的时候说，“这个角色最好找看起来普普通通的人来演”。可是把这样的人带来一看吧，他就只是个“普普通通的人”。其实对这样的角色来说，所谓“普普通通的人的魅力”恰恰是必不可少的。再比如吊儿郎当的男性角色，一会儿被这个女人搞得晕头转向，一会儿被那个女人搞得晕头转向。碰到这种角色，就会有人说：“找他演不是正好？他就是个吊儿郎当又没主见的人啊！”然后带个这种类型的演员来。演员的确可以本色出演，但是他在电影里演绎的角色是不是有魅力呢，这又是另一码事了。选角的失败往往就是这么产生的。把“普普通通的角色”演绎得有魅力，是一项麻烦的工作。

是枝 那《比海更深》是不是也很麻烦？（笑）

树木 真要说起来嘛，总归是的。不过就算我不花心思，导演也会自然而然地拍，所以最终呈现出来的效果还是会很好。比如孙子说“中了彩票是不是又能住在一起了啊”的那场戏，剧本里并没有写要掉眼泪，如果写了，我肯定会用另一种演法。

是枝 孙子的扮演者吉泽太阳[1]同学表现得好也是一方面。连我这个写剧本的人都没想到会发展成一场您掉眼泪的戏。在我的设想中，那句话更像是孩子天真无邪的遐想。但在现场拍摄的时候，我能感觉到太阳同学的台词说到了您心底，所以眼睛一下子湿润了也能说得通。

树木 你是特意没有立刻喊cut吧。你留出时间来，拍我说完“奶奶好开心啊”以后盯着孙子看的样子。

是枝 那是一场很危险的戏，稍不留神就会拍砸。站在您的角度看，颇有种被孩子突然击倒的感觉。所以我觉得那些眼泪特别对。不是慢慢渗出来的，而是突然涌上来。

树木 这个人物其实没那么孤独。有儿有女，女儿还有两个孩子。她又是送外孙女去学花样滑冰，又是给零花钱，应该过得很满足，但是在那一瞬间，情绪一下子上来了。“一起住吧”这句台词，我在看剧本的时候也没有特别多的感慨，可在现场看着孙子的脸，情绪就顿时涌上心头。而且你还把那一幕保留了。要知道感觉不到的导演是真的感觉不到，只会大喊一声“好了，cut！”，而我就会想“唉，可惜了”（笑）。邂逅能够感知到的创作者，对演员来说是一桩幸事啊。

是枝　听着怪难为情的，但也有点开心（笑）。

树木　在电影临近尾声的时候，不是还有一场儿媳（真木阳子[2]饰）跟我在厨房说话的戏嘛。我说“是不是真没希望了啊”“怎么就变成了这样呢”，然后哭了。喊cut以后，我问你“是不是稍微哭过头了啊”，结果你说：“反正没拍您的脸。”

是枝　我的确在剧本里写了说到那里要突然哭出来，但目的并不是让您哭，重点在于儿媳接受了婆婆的情绪，认识到婆婆“当着自己的面哭了出来”。

树木　没错，那才是更要紧的。所以就算是失败了，也能放心交给导演去处理。

不过话说回来，我觉得自己在这次的《比海更深》里有一个失败的地方。作为演员，我忘记了很重要的一点。对你的母亲来说，你肯定是她最宝贝的孩子吧。比两个女儿（指是枝的两个姐姐）还宝贝。所以我觉得，我本应该在画面里更多地表现出“无论如何都是儿子最宝贝”。不是通过台词哦。这就意味着，我对儿媳总归有点看不顺眼。比如看到她在厨房干活不麻利，心里就会嘀咕“这样的儿媳真惹人嫌”啦，认为“我儿子本不该变成那样的，你也有错”啦。

是枝　关于对儿媳的情感要在哪里表现出来，我的想法是不当着儿媳的面，而是在公交车站跟儿子说话的时候，在跟女儿说话的时候通过“还不是因为她有学问”这样的台词来表现。

树木 我的确是说了那样的台词。在阳台的那场戏里，我聊起了蝴蝶，说“不应该是这样的啊”。她绝对不愿相信这是自己的错。“都是你爸不好”“要不是娶了那样的媳妇”“都怪世人没眼光”……她真是那么想的。这样的母亲我见过太多了。的确没必要把那些表现得太明显，但我是不是应该再多演出来一点呢？自己的儿子没有长成理想中的模样，但那不是自己的错——我是不是应该把这种老婆子特有的厚脸皮多演出来一点呢？

是枝 不过说起对儿媳的情感，我在《步履不停》里让您对儿媳说过相当尖酸刻薄的话呢，比如“何必找个二手的呢”。但是在这部作品中，儿媳跟您扮演的婆婆好歹是有些交集的，所以您才说“要是我也有学问”“我要是活在另一个年代，搞不好也跟老公离婚了”这样的话。

树木 也就是说，双方有可以共享的东西。

是枝 没错，至少我是这么理解的。

树木 是哦……不过我觉得我那个角色也许应该更傻一点。不是有没有受过教育的问题，就是那种“无论如何，儿子在母亲眼里都是第一”的感觉。所以我就在想，我当时是不是可以通过时不时碰碰儿子，自然而然地流露出这种感觉呢？

是枝 没有，您已经表现得很充分了啊。

树木 让我来演吧，包括坏心眼在内的这种感觉往往会表现得太过，不过在你的电影里，你都会把控好，这也是你的人品使然啊。

总而言之，在母亲眼里啊，儿子总归是最可爱的。女儿嘛，就不太可爱了（笑）。

是枝 我跟姐姐还有母亲之间的关系也是这样的。姐姐总说："为什么你总是偏袒小裕啊？"而母亲总回答："还不是因为……"可"还不是因为"背后是没有理由的呀。

树木 可不是嘛。我本以为自己只有一个妹妹，没想到母亲在跟我父亲结婚之前就已经生了一个女儿和一个儿子。而且等他们都长大了，母亲又把人接了过来，让他们在自己开的餐馆帮忙。还瞒着父亲跟我们姐妹俩呢。直到母亲去世以后，我们才知道。她儿子挪用了店里的钱和母亲的钱，母亲都没追究。她虽然没有明说"他是我最宝贝的"，但那种感觉都溢于言表了。

片中的母亲有那样愚蠢的侧面，也有完全相反的一面，有种将责任推卸给他人和社会的感觉，说什么"要不是娶了那样的媳妇""我要是活在另一个年代"之类的，这是母亲独有的特质。我自己也是母亲，却连说这种话的闲工夫都没有就一路冲了过来，倒是要另当别论，不过站在客观的角度看，那样的母亲还挺招人心疼的。这一点并不是什么坏事。

是枝 但是正因为深爱着儿子，她也能隐约感觉到儿子越长越像让自己受苦的丈夫的危险性。

树木 没有想得太长远。她想忘记儿子现在之所以变成这样，"都是因为他身上流着父亲的血啊"。这种母亲特有的倔强与顽强，还有以自我为中心的思维方式，是存在于大家心底的东西，跟有没有受过教育没关系。

是枝　您觉得饰演儿媳的真木（阳子）女士怎么样？

树木　她缺了点女人味，所以我有种“真是委屈了我儿子”的感觉（笑）。她当然是很漂亮的啦，但也有种少年的感觉嘛。她本来的面目总归会有所表露。我也是，明明没有故意要刁难人家，爱刁难人的真面目还是暴露了。比如阿部先生问“（跟新男友）睡过了吗？”那场戏，她回答“你可闭嘴吧”，这句话可是真真正正的“你可闭嘴吧”（笑）。所以我觉得，要是她能再多些女人味，也许就能呈现出不一样的语感了吧。

是枝　那句话体现出了她的强势呢。

树木　没错。反正作为母亲，我一直在自我暗示：“我儿子长得帅，个子又高，还那么惹人爱，要是没找这么个媳妇该有多好啊……”至少在这次宣传活动期间要这么想（笑）。

是枝　（笑）那这一回我们也来看几个具体的场景吧。首先是阿部先生带着蛋糕来到团地[①]，然后您打开包装盒，把包装用的绳子扎起来，再把蛋糕塞进冰箱。您扎绳子的手法跟我母亲完全一样呢。

> **《比海更深》00:09:35～**
>
> 团地，淑子（树木希林饰）家的厨房。良多（阿部宽饰）带着蛋糕突然来访。淑子拿出袋子里的蛋糕盒。良多问起父亲的挂轴。淑子一边回答，一边拆蛋糕盒的包装，把蛋糕放进冰箱。

---

① 此处指住宅团地，属于价格低廉、外观单调的公共住宅。（编注）

是枝　站在导演的角度讲，这场戏的意图是让阿部先生保持不动，而您在他周围走动，以展现团地住宅的空间。在整场戏里，您一直没停过。我请您这么演的前提是您有本事一边动一边演，但这其实是很难做到的吧？

树木　普通人可不行。因为注意力会不由自主地集中在说台词上。

是枝　这是训练出来的吗？

树木　文学座有一堂叫“柔软体操”的课。先全身放松，模仿提线木偶，做出被吊着的状态，然后会有人发指令，比如“只动腰”“只转胸”。就跟木偶似的，只动身体的某个部分，“只抬右手”“双手都举起来”“线突然断了”……我跟桥爪（功）都特别擅长这个。搞不好确实跟柔软体操有关系呢。

是枝　就是分别控制身体的各个部位吧。

树木　对。好比一只手拿着杯子不让水洒出来，另一只手做别的事情，这样的动作我可以凭感觉做到。柔软体操也称不上训练吧，就是每周大概有一次小课。我们俩明显比其他人表现更好，放松得特别到位。也就这点可以拿出来炫耀炫耀了。不过演戏的时候，这的确是个优势呢。

是枝　作为导演，会让我觉得有点难用的演员就是那种把注意力百分百集中在“说台词”上、想要把自己的台词说得更好的人。他们一开口，身体就僵住了。专业演员也有很多这样的呢，一说话就不动了。而您恰恰相反。

树木 还有，说完台词的时候，大家都会停住。大概是松了口气吧。

是枝 在这场戏里，您扎好蛋糕盒的绳子之后，还把塑料袋叠起来了呢。

树木 换作平时，我还要用力刮两下排出空气呢，可痛快了。但我怕声音太吵，就没做这个动作。做演员的，还是得活在日常里啊。在这部电影里，还有一幕是儿子用勺子咔嚓咔嚓地凿可尔必思冻成的冰，说“是不是有股味啊？”，那些实际做过的事情都变得鲜活起来。细节都很有真实感。所以看完电影的时候啊，我是真的很开心。

是枝 还有一场戏是您跟阿部先生边走边聊蝴蝶。可以从二位偶遇桥爪老师、站着聊了几句那里看起吗？

> **《比海更深》00:16:52 ~**
>
> 团地垃圾站。良多（阿部宽饰）离开时顺手帮淑子（树木希林饰）倒垃圾。仁井田（桥爪功饰）路过，淑子便向他介绍良多。与仁井田告别后，淑子送良多去公交车站，边走边说她前些天看到的蝴蝶。

是枝 桥爪老师临别时的停顿特别棒。不知道的人还以为他一下子忘词了呢。但他本人很享受看似忘词的停顿。他考虑到上了年纪的人常会那样，把停顿的长度控制得恰到好处。

树木 那是他下意识的反应吧。他不会逐个去琢磨、去烦恼“要

不这么处理吧”。瞬间定胜负。放贝多芬的唱片时，他也有停顿。跟我对上眼之后，他就用眼神告诉我：“放心，我没忘词。”（笑）

是枝 一般可演不出这个境界。

树木 嗯，是演不出。可惜在《家族之苦》里，他的这门绝活反而显得碍事了（笑）。可怜啊。桥爪的轮滑水平可高了。在舞台上滑来滑去，也绝不会掉下去。

是枝 他的身体素质也很好呢。在这场戏里，您与桥爪老师告别后，跟儿子一起往前走，说：“听说（桥爪功饰演的仁井田的妻子）三年前去世了。”我本想在剪辑的时候删掉这句话，您还记得吗？

树木 不记得了。

是枝 我问您，“要不把这句话去掉吧？”，您却明确表示，“不行，这个母亲肯定是在乎那个人的妻子的，留着这句台词绝对更好”。

树木 啊，是吗。我刚才也这么想来着。

是枝 看过最后的成品，我就庆幸自己保留了那句话。因为可以透过它稍稍窥视到儿子不在身边时母亲过着怎样的生活呢。

树木 对对。母亲是想明确告诉儿子“那个人的妻子已经不在了”呀。即便如此，那个人也绝不会跟自己好的，她想先跟儿子说清楚。幸好保留了。

……还有嘛，对了，阿部先生跟池松壮亮[3]先生的那场戏很滑稽哎。

是枝　的确很不错呢。阿部先生也说，“池松先生真是帮大忙了”。

树木　在赛马场跟池松先生说“借我点（钱）”，结果池松先生一直跟着他不放那段特别好。真是对好拍档。

在访谈中也有提到，希林老师起初非常固执地拒绝了《比海更深》的邀约。其实那已经是她第三次以那样的形式拒绝我了。

第一次是拍电视剧《回我的家》[4]的时候。我自顾自地想把它做成《步履不停》的姐妹篇，于是便请希林老师饰演主人公良多（阿部宽饰）和姐姐（YOU 饰）的母亲。

当时，希林老师给出了两条拒绝的理由。一是“我已经跟内田说好了，不会再演电视剧了”。二是“我怎么演都不像一流企业大领导的妻子呀”。她还说：“这个角色的话，×× 老师会更合适一点。我把她的联系方式给你吧？”那次我实在没办法，只能作罢。看到这里，大家可能会误以为实际饰演母亲的吉行和子[5]老师是退而求其次的选择，其实不然。邀请吉行老师加盟时，我根据她的声音与表情重写了所有剧本，从结果看几乎是照着她写的。现在回想起来，我也非常庆幸当时请了吉行老师。这也说明希林老师比我更有制片人的眼光。

希林老师起先不肯参演《比海更深》，不过下定决心之后，便完美塑造出了那个角色。

拍《步履不停》的时候，她明确表示：“我演的可不是你妈妈哦。”而我也回答：“当然，就按您的想法来，没问题。”快杀青的时候，她又对我说：“能不能给我看看她的照片？一张就行。”于是我就拿了一张母亲跟父亲站在一起拍的黑白照片给她，那是在我长大的清濑的团地拍的。仅此而已。

而拍《比海更深》的时候，希林老师一开始就说：“拿一件你妈妈的东西给我吧，随便什么都行。”看来她是打算用不同于《步履不停》的方式塑造角色。睡衣？假发？还是眼镜？……犹豫之后，我考虑到假发可能有点危险，便把母亲用过的眼镜拿去了。明明没有特意模仿，可是看着电影中的希林老师和阿部先生，我竟有好几个瞬间都觉得那就是母亲和自己，误以为穿越到了自己的记忆中，不禁心潮澎湃。

希林老师的表演中有一处令我大吃一惊。那是一场平淡无奇的戏，希林老师坐在厨房的餐桌边，一边吃团子，一边跟小林聪美[6]女士扮演的女儿说话。原计划是喝一口大麦茶，打开冰箱，再往杯子里倒些。彩排的时候也是按照这套流程演的，谁知快要正式拍摄时，希林老师把杯子里剩下的大麦茶都喝光了。实际拍摄的时候，她把空杯端到嘴边，正要喝茶，才发现杯子是空的，于是便转向了冰箱。这样的表演恐怕是诞生于日常观察的创意，让我佩服得五体投地。喊 cut 以后，我因为太受触动，就把自己的感想告诉了希林老师。她开心地笑道：“不过这种事……不是常有的嘛。”

《步履不停》是母亲去世后不久写的剧本，所以无论是写的时候，还是拍的时候，我都认定那是一部关于母亲的电影。过了一阵子重看一遍，才察觉到那其实是关于父亲的电影。因为串起纵轴的是年迈的父亲，是亡故的哥哥，是没有血缘关系的儿子。

所以在《比海更深》中，我试着将母亲置于作品的中心。台风的小插曲、冰冻的可尔必思、防水收音机和黄蝴蝶几乎都是母亲的真实经历，但绝不是什么特别的故事。也不含特殊的情感。我想用初中生也能看懂的字句写台词。这反而是最难的。正因为如此，这部作品无论如何都不能缺了希林老师。

这次访谈里提到了真木女士的表演，我想站在导演的立场对此稍作补充。

希林老师指出，真木女士饰演的前妻对主人公表现得比较强势，但这反而正是我想要的效果。片中有一场戏是由于前夫自说自话把儿子带回老家，真木女士不得不冒着台风去接，在玄关口抬眼狠狠瞪了瞪他。我还记得自己给出了“再强势点”“再凶一点”的指示。至于阿部先生伸手要碰她的脚，她却猛砸了那只手一拳的场景，我应该也对她说过“请严肃地拒绝他”。这是因为她很清楚，一旦松懈大意，这个男人就会乘虚而入。而我之所以判断表现得如此强势也无妨，则是因为真木女士的表演十分巧妙，能让人感受到她在前夫未察觉之处仍留有些许感情。

这体现在和以结婚为前提交往的男友在餐厅用餐的那场戏

里。听到男友说他看了阿部先生的小说，真木女士便问道：“怎么样？”她没有明确说出拥护前夫的言论，但我认为她通过台词中的微微停顿，还有眼睛的动作，把这份情感充分传达给了观众。真木女士演得很出色，演得很细腻。阿部先生看完成片也说，“我感觉真木女士的那个表情让良多得到了救赎”。所以我也很庆幸良多本人在影片中没有得到救赎。

希林老师自己都说了，“至少在这次宣传活动期间要这么想”，我觉得她大概是还没完全走出自己饰演的角色，所以对真木女士表演的不满带有更多“婆婆看儿媳”的色彩。

《比海更深》让我得偿所愿，有幸与希林老师一起参加了戛纳的电影节[7]。我说：“不过是‘一种关注’单元，并不是竞赛单元……”希林老师便道：“对这部作品来说倒是正合适呢。”把没能献给亲生母亲的那份孝心献给饰演“母亲”的希林老师——我也不是完全没有这样的心思啦。然而在戛纳逗留期间，希林老师的老毛病哮喘犯了，连我这个旁人都能看出她呼吸不畅，她大概也没有闲心去享受那段时光吧。

四个月后的九月，我们前往西班牙参加圣塞巴斯蒂安电影节[8]。美丽的城市，宜人的气候，美味的餐食……电影节的各方面都很完美，希林老师的身体状况也不错，看起来很开心。不过抵达西班牙后不久带她去的那家人气餐厅（是两星还是三星来着）好像不太合她的口味。那里做的是融合料理，把食材加工得都吃

搭乘飞机前往西班牙毕尔巴鄂机场

不出它原来是什么了。用餐途中，主厨出来跟我们打招呼，问菜品怎么样。希林老师毫不客气地指出："加工过头啦。我都不知道自己在吃什么了。"

希林老师时常像这样替大家说出想说却不敢说的话。因为有人主动站出来扮演招人埋怨的角色就闭口不言，好像是有些不厚道，可我又没法像希林老师那样犀利无比却也不至于留下不愉快的回味，所以都交给她大概还是明智的吧。

2009 年，我们一起去参加了香港的电影节。当时《入殓师》[9]刚拿下奥斯卡最佳外语片奖，本木雅弘[10]先生和也哉子女士也一起去了，一路上热闹非凡，其乐融融。当时工作人员的主要服务对象其实不是我们，而是本木先生他们。我们提出"想吃美味的茶点"，于是工作人员就帮我们预约了餐厅。一行人兴高采烈地跑过去一看，订的并不是包厢，而且都点好了午市套餐，每人就两三种点心，外加一份炒面了事。我完全没有要用别人的钱吃山珍海味的意思，只是这群人能聚到一起实属难得，更何况还是在香港。这种阵容的聚餐，恐怕最多只能再办一次了。"早知如此就该自己订餐厅的……"就在我开始后悔的时候，希林老师对那位工作人员开了第一炮。

"喂……这就完啦？"

"对，套餐就这些……需要加菜吗？"

"不是加不加菜的问题。你不懂吗？这样一群人来吃饭，安排成这样怎么行……”

希林老师用手掌拍了好几下桌子，然后便是没完没了的说教，告诉工作人员不行在哪里。工作人员惶恐不已，忙说：“多谢您的教导，让我学到了很多。”他是想要结束这个话题，但希林老师不让。

“我说你啊，现在学习算怎么回事。这可是你的工作啊。给我学好了再来！”

几年过后，我跟希林老师提起了这件事。她却笑道：“欸——我说过那么过分的话啊？”在颁奖仪式之后的晚宴上，业界大腕纷纷过来跟希林老师打招呼，而她则一一反击。

“你的领带，花纹好奇怪哦，是在哪儿买的啊？”

某电视台的高层也来跟希林老师打招呼，说自己当年在她参演的电视剧剧组当过工作人员。希林老师说：“哎，我都不记得了。我真的演过那部电视剧吗？”如果她说的是“你真在现场吗？”，那必然会伤到对方。但希林老师说的是“我真的演过吗？”，在一旁听着的我不由得感叹，这才是希林老师的过人之处啊。

言归正传。圣塞巴斯蒂安的午餐吃了足足三个小时，没过多久又要吃晚餐了。指定的餐厅在邻镇，是座海港小城，坐大巴去要四十分钟左右。“我都吃饱啦，就看你们吃吧。”希林老师也陪着我们一起去了餐厅。谁知那家叫 ELKANO 的餐厅做的海鲜料理跟中午吃的正相反，简简单单，充分利用了食材原有的特质。起初只打算看看的希林老师都忍不住了，说着“给我尝一口”，把手伸向隔壁松崎制片人的盘子。

在回程的大巴上，她也一遍遍地感叹："这里的菜真好吃……好想再来一趟呀。"

她还给出了非常有道理的见解：

"东京的电影节[11]也像这样安排几辆大巴，把外国嘉宾送到热海啊、箱根之类的地方去，让他们吃点美味的鱼，泡泡温泉什么的，那该有多好啊……"

我与希林老师手挽着手走了通往正式上映会场的红地毯。我们回应着沿途影迷的欢呼，为他们签名，一起合影，走得慢慢悠悠。圣塞巴斯蒂安的观众们非常喜爱《步履不停》，河濑直美[12]导演的《澄沙之味》[13]也在欧洲上映了，广受好评，甚至在各国掀起了铜锣烧热潮，所以希林老师人气很高。这比我自己受欢迎更让我高兴和自豪。

西班牙的阳光将一袭和服的希林老师衬托得更美了

原书注释

[1] —— **吉泽太阳**

演员。2003年生于东京都。2014年参演NHK晨间剧《花子与安妮》。首次出演的电影是2015年上映的《流浪者年代记》。凭借在《比海更深》中的表演获高崎电影节最佳新人男演员奖。

[2] —— **真木阳子**

演员。1982年生于千叶县。1998年加入仲代达矢主办的无名塾。入塾第二年便被选为《低下层》公演中娜塔莎的扮演者。2000年退团后活跃于影视剧领域。凭借2006年上映的《摇摆》(西川美和导演)获得山路文子电影奖最佳新人女演员奖。代表作有电影《无敌青春》《维罗妮卡决定去死》《东京朋友》《桃花期》《再见溪谷》《剧场版MOZU》《孤狼之血》《烧肉龙》等。参演的是枝作品有《如父如子》《比海更深》。

[3] —— **池松壮亮**

演员。1990年生于福冈县。凭剧团四季音乐剧《狮子王》中年轻的辛巴一角出道。首次参演的电影是2003年上映的《最后的武士》。代表作有《铁人28号》《我们的家族》《纸之月》《剧场版MOZU》《永远的托词》《夜空总有最大密度的蓝色》《斩》《从宫本到你》等。参演的是枝作品有《比海更深》《小偷家族》。

[4] —— **《回我的家》**

2012年于富士电视台播出的电视剧(共十集)。每一集的导演与剧本均由是枝裕和负责。阿部宽、山口智子主演。

[5] —— **吉行和子**

演员、散文家、俳人。1935年生于东京。作家吉行淳之介的妹妹。1955年凭《由起子》首次亮相大银幕。1978年主演大岛渚导演作品《爱的亡灵》,获日本电影学院奖最佳女主角奖。代表作有电影《二哥》《才女气质》《折梅》《东京家族》《燦燦》、“家庭之苦”系列、《羊与钢的森林》等。

[6] —— **小林聪美**

演员、散文家。1965年生于东京都。1979年借TBS电视剧《3年B班金八老师》中的学生角色出道。1982年被选为大林宣彦导演作品《转校生》的主演。代表作有电影《寂寞的人》《海鸥食堂》《眼镜》《东京绿洲》《为你取名的那一天》《比海更深》等,电视剧“果然还是喜欢猫”系列、“法医物语”系列、《西瓜》、

anone、《离婚的二人》等。

[7] —— **戛纳的电影节**

即戛纳国际电影节。每年 5 月在法国戛纳举办，创立于 1946 年。与威尼斯国际电影节、柏林国际电影节并称为“世界三大电影节”。

[8] —— **圣塞巴斯蒂安电影节**

即圣塞巴斯蒂安国际电影节。每年 9 月在西班牙北部城市圣塞巴斯蒂安举办，创立于 1953 年。

[9] —— **《入殓师》**

泷田洋二郎导演的电影，2008 年上映。主演本木雅弘为青木新门的小说《纳棺夫日记》所感动，为将其搬上大银幕四处奔走。

[10] —— **本木雅弘**

演员。1965 年生于埼玉县。1981 年借 TBS 电视剧《2 年 B 班仙八老师》中的学生角色出道。1982 年成为偶像团体涩柿子队的一员，以歌手身份出道。1988 年涩柿子队解散后开始作为演员活动。1995 年与内田也哉子结婚，育有两子一女。代表作有电影《五个光头的少年》《五个相扑的少年》《鱼来二噁英》《常磐庄的青春》《入殓师》《日本最长的一天》《天空之蜂》《永远的托词》等。

[11] —— **东京的电影节**

指东京国际电影节。每年 10 月举办，创立于 1985 年。是枝认为“举办时间在威尼斯、多伦多、釜山这些影响力较大的电影节之后，不容易募集到竞赛类作品，所以不妨侧重作品的多样性，走多伦多（国际电影节）那种都市型电影节的路线”，曾亲自拜访东京国际电影节主席提交建议书。

[12] —— **河濑直美**

电影导演。1969 年生于奈良县。从大阪摄影专门学校毕业后留校担任讲师，同时制作八毫米作品《拥抱》《蜗牛》，受到瞩目。1997 年凭借《萌之朱雀》获得戛纳国际电影节金摄影机奖。2015 年被授予法国艺术文学骑士勋章，成为首位获此勋章的日本女性电影导演。同年，《澄沙之味》被选为戛纳国际电影节一种关注单元的开幕片。代表作有《殡之森》《第二扇窗》《光》《平行世界》等。被指定为 2020 年东京奥运会官方纪录片导演。

[13] ——**《澄沙之味》**

改编自多利安助川的同名小说，日法德联合制片。2015 年 5 月上映。

受雇于铜锣烧专卖店“铜锣之春”的店长（永濑正敏饰）邂逅了看到招聘广告登门拜访的老太太（树木希林饰）。店长试着让她制作豆沙馅，故事就此展开……树木希林凭借此片获山路文子电影奖最佳女演员奖、报知电影奖女主角奖、横滨电影节特别大奖等众多奖项。

第五章

邂逅与别离

2016 年 3 月 22 日

于涩谷树木希林邸

“要有一技之长，免得吃不上饭”

是枝 您是在神田出生的吧？

树木 对，神田。不过后来房子遭了火灾，就搬去了青梅街道的锅屋横丁[1]，有很多营房的那一带。然后又搬去了池袋。到了池袋，母亲开始做生意了，但一直没什么起色，之后又去横滨开了店。大概也是跟横滨有缘吧，小店慢慢做大了，从那时起，我父母就把大本营安在了那儿。

是枝 住在神田的时候呢？我好像在哪儿读到过，说令尊当过警察。

树木 对。我母亲在神田那边开了家咖啡馆，而我父亲是在那一带巡逻的警察。他们就是因为这层缘分结婚的。

是枝 那家咖啡馆叫“东宝”。

树木 但是跟东宝电影完全没关系。和银座相比，神田算是个二流的玩乐的地方。兜里有几个钱的学生大概比较多吧。常有日后成名的作词家、文人、画家来我们家的咖啡馆，但算不上什么一流的地方。

是枝 您还记得神田的那家店吗？

树木 不记得了。只看过照片。

是枝 您在那儿住到了几岁呀？

树木 我出生没多久不就打仗了嘛。昭和十八年①一月出生的，没过多久房子就被烧了，只住了两年多吧。

是枝 那应该是不记得了。

树木 嗯，疏散到别处去了。战后住在池袋。在靠近杂司谷的地方，有一家叫“人世坐”[2]的电影院，那是大家嚷嚷着“avant-garde”[3]的时代啊。我看的第一部电影是《卡门归乡》[4]。我是跟父亲一起去的，穿着大大的长靴，猫着腰就能免费进场了。当年净干那种事。今井正[5]导演的《不，我们要活下去！》[6]我也看过。那电影一点都不好笑，特别黑暗。电影院破得会漏雨呢。大家都在地上铺了报纸，抱着膝盖，坐在地上看电影。当年大家看的就是那样的东西。

是枝 《卡门归乡》是日本第一部国产彩色电影呢。高峰秀子[7]老师是女主角，扮演脱衣舞女。

树木 我父亲大概连内容都不知道就稀里糊涂跑进去了吧？（笑）

是枝 池袋的店叫什么名字呀？

树木 那是家小小的天妇罗铺子。我母亲叫中谷清子，所以店名

---

① 即 1943 年。

叫“中清”。浅草有家天妇罗名店也叫“中清”，但我们家的店跟它一点关系都没有啦。那是个吃了上顿没下顿的年代，把天妇罗铺子开在杂司谷那样的地方真会有人来吗？……不过店倒是一直开着。

是枝　当时令尊还在当警察吗？

树木　不当了。他应该是有工作的，不过身边有个能干的女人吧，男人不就懒得工作了嘛？（笑）感觉他平时就弹弹琵琶，会叫几个朋友一起弹。但他不是爱喝酒的人，所以没发展到倾家荡产的地步。

是枝　他当警察之前就开始弹琵琶了吗？

树木　当时琵琶还挺流行的呢。家里有净琉璃、三味线和各种各样的乐器，其中就有一把琵琶。

是枝　您是从小就听惯了琵琶吗？

树木　我父亲会弹琵琶，母亲也会请老师来教琴，勉勉强强能弹两下三味线，所以我的耳朵从小就听惯了日本传统乐器。

是枝　您也演了很多弹琵琶、三味线的角色呢。

树木　不是很多啦。也就《梦千代日记》里的贝壳调吧。《孤苦盲女阿玲》[8] 里也是呢。不过女演员都会弹啦。因为看起来还挺像那么回事的。也有可能是耳濡目染[9]，从小看到大，所以才学会了几首。

是枝　您当年是个什么样的孩子呢？

树木　我小时候有自闭症，总也不吭声。上五年级之前，我成天把手揣在怀里，待在教室后面看着，嘴里就是“哼！”（笑）。

是枝　怎么会得自闭症呢？

树木　大概四岁的时候，有一天我骑在被子上玩，一不小心从夹层跌到楼下，被子死死压在身上，连气都喘不上了。等大人冲过来帮忙把被子挪开，我一下子恢复了呼吸，可是从那天晚上开始，我就一直尿床。可能是撞到了要害吧。然后我就不说话了。跟谁都不说话。总喜欢找个狭窄的地方钻进去，一动不动地待着。

是枝　那您去上学了吗？

树木　我被送去幼儿园啦。因为我母亲是有工作的嘛。父亲把我放在童车里，推着我去幼儿园。因为一不坐车，我就不乐意了。等到了幼儿园，大家都聚过来了，搞得我很难为情，于是就下车对父亲说“你回去吧”。真是个讨人厌的家伙啊（笑）。那时我一直都不说话。所以认识我的街坊邻居听说我当了演员，私底下都在议论：“不会吧？我都没听过她的声音啊！”

是枝　是有什么契机让您重新开口说话了吗？

树木　母亲请来了针灸师，说我的脊梁骨大概出了点问题，让人家给我扎针。每周一次，定期扎。渐渐地，到了小学四五年级的时候就好了吧。人也同时变得活泼了呢……我父母是从来不对我发火的。大概上二年级的时候，店里能买到塑料袋了，于是我就把塑料袋缠在身上，去别人家过夜。因为我会尿床嘛。虽然我成天那副样子，但大人没对我发过火。

是枝　令尊叫什么名字呀？

树木　中谷襄水[10]。原本是弹琵琶时用的艺名，但他把这个改成本名了。弹琵琶的人要取艺名，叫“水号”，都带个“水”字。

是枝　他是位怎样的父亲呢?

树木　他一直都很喜欢（查理·）卓别林[11]。那会儿大家都很喜欢卓别林。父亲还说过，“我啊，不喜欢森繁久弥”（笑）。所以我参演森繁老师主演的《七个孙子》时，对父母都是守口如瓶的。父亲还对我说：“电视上有个跟你长得很像的人哦……”我也糊弄他：“我没上电视啊，没上！”（笑）虽然最后还是暴露了。毕竟《七个孙子》那么火。

是枝　我听说您走上表演之路的契机是去滑雪的时候受了伤……

树木　当时我快从女校毕业了，正是决定去向的时候。父亲说要去琵琶朋友那边玩，我就跟着他去了，结果一去就受伤了。

是枝　您原本准备朝哪个方向发展呢?

树木　父亲完全不了解我有什么天赋，只是说：“你啊，就算结了婚，也不知道能不能跟丈夫处得好，所以还是要有一技之长，免得吃不上饭。要是能当个药剂师，爸爸就帮你开家店。”于是我稀里糊涂地搜集了些药科大学的申请书，大概有三四所吧。可我对数学一窍不通，认定自己死活考不上，就在考试前的那个月跟着父亲出去玩了。结果这一去，就碰巧受了伤，伤得正是时候（笑）。后来我还是不知道自己该走哪条路。周围所有人都明确了去向，3 月底还有毕业典礼呢，正是最灿烂的时节，可我什么都没定下来，所以特别不好受。看看现在的年轻人，我也很能理解只有自己被撂在后头有多么痛苦。就在这时，我看到报上有一篇很短的报道，说“三大剧团战后首次招募见习生”，于是我按时间顺序，一家家寄了申请书。

是枝 去哪个都行？

树木 去哪个都无所谓。反正我又不懂。把申请书寄出去以后，文学座的回复来得最早，于是我想，其余的就算了吧。

是枝 有文学座、俳优座[12]和……

树木 剧团民艺[13]。当时往电影界发展的人有种“只要皮囊生得好，脑袋不好使也没关系”的感觉，所以我就想，搞舞台剧可能更好一些。大家应该都不太了解舞台剧的世界，不是正好嘛。反正电影的新人海选是死活选不上的。可是真走上舞台剧这条路吧，才发现原来搞舞台剧是那么不容易。每天都要背台词，可背了又怎么样呢，完全感觉不到吸引力。所以有人来找我拍广告的时候，我立刻回了一句“我接！”，然后就往电视那边去了。

揣摩作为艺人①的站位

是枝 从文学座走向电视界的转折点是广告，这样的经历大概只

① 原文为“芸人”。在日本，“芸人”（艺人）原本指精通工艺或表演艺术并以此为职业的人；近年来，随着电视影响力的加深以及大众对演艺认识的变迁，“芸人”变得往往仅被用来指代“お笑いタレント”，即“电视上的搞笑艺人”。相较之下，“芸能人”这样的表达在当今大众认知中涵盖面更广，在本书中译作“演艺界人士”，以示区分。(编注)

有您才有吧。

树木 比起演员，我更多是把自己看成置身于演艺界的人。“艺人”的意识要更强一些。虽然我会以演员的身份去表演某个角色，但我会想：“作为一个艺人，我此刻站在哪个位置上呢？是以怎样的状态站着的呢？”然后想办法颠覆这个站位，把观众的期望带到意料之外的方向上去，虽然每两次就有一次会搞砸（笑）。从那样的角度看自己是很有意思的。所以演什么角色固然重要，但是琢磨琢磨“在 2016 年让这个人演这个角色到底如何啊”会更有趣。毕竟我不是那种过个几十年再看还会留下什么的演员。不过，这当然也取决于导演啦。是演员都会塑造角色，可我还会或多或少地感觉到，“这种东西大家已经看腻了吧”“观众已经不想看这种东西吧”“大家想要的是这样的东西吧”。

是枝 这一点和谁比较接近呢？森繁老师吗？

树木 我很少在演员里见到这种类型呢。别看森繁老师那副样子，其实他还挺喜欢演戏的。他演过好几次舞台剧版《屋顶上的小提琴手》[14]，收获了无数喝彩……可我完全没有那种欲望。所以我并不是像他。大家做演员的时候，都不会考虑自己在演艺界处于什么位置，仅仅是纯粹地表演。

想当年，舞台剧演员属一流，电影演员算二流，只有三流演员才上电视。广告最没人瞧得上，大家都说：“演技会劣化，拍这玩意的演员简直不像话。”而我就是在那样一个时代带头出演了广告。

是枝 那是……您的性情使然吗？

树木 是吧。之前跟你说过没有？我拍的第一支广告。那时我还在文学座跑龙套呢，演个路人甲啦，在舞台两头喊几声啦，在后台值个班啦。有人找到文学座，说要给酱油店拍一支本地播出的广告。不是什么名店，是个听都没听过的名字，而且广告只放三个月左右。文学座的人都觉得“四流演员才拍广告”，肯定不会接。而我当时刚好因为跟森繁老师演《七个孙子》开始上电视了。人家就想：“反正她已经在上电视了，要不就她吧！”于是便来找我了。我毫不犹豫地说：“我接！”

诗人长田弘[15]是我的朋友。我跟他说：“有人找我拍这样的广告……”他便说：“不错啊！就说‘酱油认准 ×× 牌’呗？‘就是酱么回事’，怎么样？”（笑）我当时还想呢，原来诗人也会讲那么无聊的笑话啊。不过到了拍摄现场，我就拿起酱油，试着说了他想出来的广告词：“酱油认准 ×× 牌。就是酱么回事。”谁知他们真用了那条，做成了十五秒的广告，只在东海地区播出。结果被全国发行的周刊杂志《SUNDAY 每日》评为“年度十大蹩脚广告”的第三名呢。

是枝 “蹩脚广告”吗（笑）？

树木 对啊。前两名是全国播出的广告呢。我还以为本地广告是不会有人看的，没想到竟然有这么大的影响力。那是我第一次感受到一点点渗进世间的有趣之处，第一次感觉到演艺界真有意思。与其作为一个演员活着，我更喜欢活在演艺界中。虽然那是最讨人厌的地方，但我要置身在这演艺界看遍各种各样的人。多有意思啊。想要走演艺之路的人啊，什么样的都有。像你这么正派的可是相当少见呢（笑）。

是枝 据我所知，只有一个人会像您刚才那样使用“艺人”这个词，那就是萩本钦一[16]老师。虽然他的类型跟您不太一样。我跟他聊过一次，他把“演艺界”“演艺界人士”和“艺人”区分开了。

树木 这样啊。直到现在，我还是觉得演艺界是个很有趣的世界。

是枝 不拘泥于舞台剧演员至上主义，大概就是您能灵活应对各种局面的秘诀。您不单会演戏，还上综艺节目，在电影节的颁奖礼上都能发表最高境界的讽刺……我一直暗暗感叹，您的反应可真快啊。

树木 哪有，我也没少犯傻啦（笑）。犯傻归犯傻，也是演艺界的一部分。演艺界就是那样的地方。光安安静静地待着，不犯一点错误，那就不是演艺界了。栽跟头也好，犯傻也罢，都是“且玩焉，生于世”[17]嘛。会碰到开心的事，也会遇到不开心的事。但是只要告诉自己演艺界就是那样的世界，它就渐渐不再是一个令人讨厌的地方了。虽然直到某个时间节点，我都没察觉到自己原本并不讨厌那样的世界。

是枝 您也有过讨厌演艺界的时期吗？

树木 有一阵子我一年到头都被 wide show 追着跑，大吵特吵，觉得烦透了，发誓绝不在媒体上发表评论，也绝不在媒体上露面。

但是有一天，我老公说了这么一句话："我说你啊，你面对的不是报社跟头衔，而是人啊。来的都是人啊。你就不能多考虑考虑这些吗？"

是枝　好犀利啊。

树木　没什么大不了的呀，我本来也很喜欢那种世界。所以我的后半辈子是越活越有意思了。我所处的位置恰好跟受人爱戴的年纪重合，这让我进入了一个特别舒服的状态。能以这种状态走多远呢？我也在想，有朝一日会不会有人给我挖个坑，让我扑通一声掉进去呢（笑）？我就是这种类型的人啊。

是枝　我在哪里读到过，您见 wide show 的团队半夜还守在您家门口，就说"很冷吧"，还把他们都请进屋里，让他们"想问什么就尽管问"。

树木　不是半夜啦。这不是嫌他们堵在门口给街坊邻居添麻烦嘛。再说了，要是他们有明确的目的也就罢了，连个目的都没有，一直干等着，那多辛苦啊。毕竟"他们也是人"啊。这份功劳，得算在内田裕也头上。

是枝　说回广告吧。"把美的人拍得更美，并非如此的也拍得恰如其分"，听说这句富士胶片的广告语是您想出来的。

树木　不，原本是川崎徹[18]先生构思了一句广告语——"富士彩色胶片，美人拍出来美，不美的拍出来也美"。我问他："什么样的胶片能把不美的人拍得美啊？"他就不知道该怎么回答了。而且"不美"这个说法，听起来不是怪凄凉的吗？我本就是不美的人，所以就提议改成“并非如此的”。那么把后半句改成“拍得恰如其分”是不是更实在一点呢？我跟川崎先生就这么达成一致了。

是枝 这措辞真是太妙了。

树木 我就是心想“那句话有点假啊”。这种念头大概一直发挥着晴雨表的作用。说某种食物“好吃”的时候，我也会琢磨：“它比什么东西‘好吃’？”对于赞美之词，我还是比较小心的。

是枝 制作电影的时候也得有这样的意识呢。

树木 是啊。要是制作者忘记了这一点，观众就会腻烦。

是枝 您跟久世光彦导演也是分开了好久之后才合作了一支广告吧？

树木 嗯，“东京电话”的广告。麦肯广告公司的总监说他特别想拍我，问我愿不愿意演，我当时开出的条件是“跟久世导演合作”。要是久世导演接了，大家都会同意的。加藤治子老师也说“久世去我就去”呢。

是枝 在那之前，您也跟久世导演合作过很多广告吗？

树木 对，不过有些我说了你大概也不知道，比如有一支是给一家叫“高山晃一开发”的公司拍的。当时我在《寺内贯太郎一家》里演的老婆婆特别火，所以在广告里我也是老婆婆的扮相。工作人员搭了恐山[1]一样的布景，还插了好多写着“高山晃一开发”的红旗。我就在正中央弹琵琶。“这次找高山晃一开发，下次也找高山晃一开发，无论干什么——噔噔！都找高山晃一开发——噔

[1] 青森县的火山，日本三大灵场之一的恐山菩提寺就在此处。

噔！”然后就干净利落地结束了（笑）。

是枝　（笑）这广告在电视上放了吗？

树木　放了。不过没放多久。结果那家公司的社长跑去骂了久世导演一通。“大伙都问‘那么粗俗的广告是怎么回事’，你负得起这个责任吗？”结果不到一个星期，《周刊朝日》的广告点评栏就说“从没见过这么有趣的广告”，还配了图呢。社长顿时心情大好。不过啊，我跟久世导演合作的东西都会中途告吹的。

是枝　广告吗？

树木　嗯。有一次，森繁老师、研直子[19]和我合作了一支CABAGIN的广告。我说：“我的胃不太舒服，是不是吃点CABAGIN比较好啊？”森繁老师回答：“吃了总比不吃好吧。”就这两句话，十五秒，要用方言讲。我琢磨了一下什么食物最能表现出胃不舒服，于是就用方言口音说：“我吃了韭菜炒猪肝和牡丹饼，是不是吃点CABAGIN比较好啊？”森繁老师也用方言口音回答：“吃了总比不吃好吧。”说完就结束了。我俩是坐在长椅上拍的，谁知我在“韭菜炒猪肝”那里就花了十一秒左右。久世导演便说：“抱歉啊森繁老师，您那句能不能再说快点？”森繁老师回答：“我说你啊，她的台词可比我的长呢！”（笑）即便是这样，久世导演也没有被吓倒，还对我说：“‘韭菜炒猪肝和牡丹饼’之后再打个饱嗝吧。”明明时间都不够用了。他还嘱咐森繁老师：“请您往后躲，装出很臭的样子。”

我们就这样拍出了一支特别滑稽的广告。可是才放了十来次，它就因为药事法停播了。毕竟是药，用“吃了总比不吃好”这样随意的广告语是不行的，只能毙掉了。不过记得那支广告的人还挺多的呢。大概还是因为久世导演特别擅长捕捉那个时代的某种东西吧。

是枝　我倒觉得那是很新颖的广告语呢。前一阵子，我导演了金鸟牌“虫不来”[①]的广告，用的就是“比不挂好多了”，多像啊（笑）。

树木　呵呵呵。不过那不是吃的东西，不用管药事法吧？反正啊，只要是跟久世导演合作的都告吹了。因为他会采纳我的每一个点子。还有，久世导演对拍广告不是很起劲。“东京电话”那次他也迟到了，在片场的时候几乎一直在打瞌睡。

是枝　为什么？

树木　太累啦。忙着搞这个（竖起小指）[②]呢。

是枝　（笑）您主演的第一支广告是富士胶片吗？还是PIP ELEKIBAN磁贴？

树木　富士胶片在先。磁贴那个也不是很火吧。什么时候拍都一样，就一句“PIP ELEKIBAN！”。无论有没有趣，都是“PIP ELEKIBAN！”。一直都是那样。

是枝　当时您是按什么标准挑选广告的呢？比方说，“是川崎徹导演的就试试看”？

---

① 悬挂式驱虫器。

② 在日本，竖起的小指表示情人。

树木　这些我都不知道。不知道导演的名字，也不知道是什么东西，碰到什么是什么，一口答应下来："好，行啊。"

是枝　不过富士胶片的广告能持续播出那么久，总归是因为它有什么有趣之处吧。当时您在广告中的表演非常有趣，也因为广告变得家喻户晓。那正是年轻人开始向往广告导演、广告文案写手等职业的时代。

树木　正是广告地位开始迅速上升的时候呢。广告原本处在底层，只要把商品拍出来，找个人报广告语就行了，谁知在这个十五秒的世界里，人开始动起来了。

是枝　优秀的创作者也开始出现了。

树木　对对。各种各样的人都冒出来了。

是枝　也许是您的某种灵活性跟广告特别契合吧。您自己是如何理解这件事的呢？

树木　我不太琢磨这些。论收入，广告的性价比要高一点，就这么简单（笑）。因为我现在是个老婆子了，才敢说这种话……不对，其实我一直都是这么说的。对我而言，演艺界有广告这个东西真是一大幸事。因为它有意思啊。话虽如此，要是你问我有没有认真对待广告吧，那倒也没有。

是枝　站在观众的角度看，他们也许就觉得您这种在"玩"的感觉对味呢。

树木　也许是吧。不过我在广告方面也没拿出过什么像样的作品。

为了不输给森繁久弥而思考

是枝 森繁老师口述、久世导演笔录而成的《大遗言书》[20]一书中提到了他和您在《七个孙子》中的初次邂逅，您还记得吗？就是关东煮摊子的那场戏。

树木 嗯。那个场景是应森繁老师的要求设计的。他说："总在家里多那个啊，帮我弄个能喝点小酒的地方吧。"他演的是大公司的社长，却提出"搞个开在家附近的那种关东煮摊子"。于是就有了我饰演的女佣去摊子接他、一把抓住他带走的那场戏。

当时赤坂正好有个关东煮摊子，久世导演就去找摊主帮忙，把摊子拉了过来。接着森繁老师又提了个要求："把路面稍微弄斜一点吧。"——这也是他的过人之处。不是在陡坡上，而是在稍微有点坡度的路上有个关东煮摊。关东煮摊子有一条长椅，几个客人坐在上面吃吃喝喝。但是因为路面是斜的，客人会渐渐溜到一边去。于是大家都管那个摊子叫"溜车"。比如"老爷子上哪儿去啦？""溜车去了吧"（笑）。我跟久世导演都不由得感叹，这个点子可真厉害。就好像给一次性相机取名"能拍出来"①似的，思路完全一样呢。森繁老师很久以前就开始有这样的奇思妙想了。就连摊子的椅子，原本大概也不是连着的，是在森繁老师的授意下特意弄成了长椅。虽然都是不值一提的小细节，但森繁老师就是

① 原文为"写ルンです"，是富士胶片产品。

有本事在一瞬间打造出那样的场景来，真是太厉害了。

是枝 当时您有句台词是“老爷子，时间不早了，快回去吧”，我还记得您用了某个地方的口音。

树木 对对。

是枝 那到底是哪里的口音？

树木 我出生在东京的神田，所以哪里的方言都不会讲。实在没办法，只能说得含含糊糊。那个年代有很多东北出身的女佣，嘴巴不会张得很开，所以吐字不太清晰。

是枝 然后女佣的戏份就变多了。

树木 对。就算剧本上没写，只要老爷子一出场，女佣就得陪着。每场戏都有女佣，真是亏死了。

是枝 因为出场费没涨（笑），工作量却增加了。

树木 不过在那段时间里，森繁老师教我认识到了人的有趣之处。也许很多人都能想到要拉个小吃摊子过来，可是把路稍微弄出点坡度这样的点子就很难想到了。我是真心佩服他。

是枝 森繁老师每天都能想出这样的点子吗？

树木 他的点子简直随处可见。为了跟他抗衡，我也构思了各种各样的点子，却不会提前告诉他我准备怎么干，而是在彩排的时候给他来个突然袭击，惹得他咯咯笑。看到他笑了，我就心想“啊，这么演应该没问题”。

是枝 当时您才二十多岁吧？

树木 对。你瞧，小津导演的电影片场总是鸦雀无声，谁都不敢发出脚步声或者其他声响。森繁老师进场的时候，摄影棚里也是静悄悄的。因为大腕来了，世界是绕着他转的。大家都这么对待森繁老师，他本人也清楚。可我明明还是个小年轻，却完全不在乎这些。所以我稍微演出点剧本里没有的东西，大家就会齐刷刷地去看森繁老师的脸色。森繁老师一给出回应，大家就会松一口气。总而言之，一切都以他为中心。

出场费也是，我每集一万，森繁老师每集一百二十万。作为演员，我跟他就是一万跟一百二十万的差距。虽然是那样一个时代，但我只是因为剧组需要女佣出场才去的，又觉得什么时候不当演员都行，所以我心里对森繁老师并没有特别高的评价。只是意识到为了不输给他要多动脑子。现在回想起来，反倒由衷觉得他是位了不起的人物。那样的演员真是难得一遇啊。

是枝 森繁老师年纪轻轻就开始演上了年纪的角色了，您之所以想要在《寺内贯太郎一家》里尝试扮演老婆婆，也是受了他的影响吗？

树木 不，那倒不是。事后一打听才知道，森繁老师是在四十九岁的时候演了八十多岁的老爷子。我那个时候是三十多岁，其实演什么都无所谓啦，只是觉得演老婆婆的话，就不用动来动去了（笑）。

是枝 结果演了个动得还挺多的老婆婆（笑）。

树木 动得可多了。有一次，久世导演提了个特别有趣的想法。那是一场用到吊桥的戏。我以为吊桥已经放下来了，就走了过去，结果桥升上去了，于是走到半路便踩空掉下来了。正常演的话，就是走走走，然后扑通一声掉下去，谁知久世导演跟我说：“你能不能在掉下去的那一瞬间游两下？”就是让我通过游泳的动作，在一瞬间表现出“怎么会这样呢”的心理活动。他总会给出这种特别有真实感的指示。这样的事情还挺多的呢。

是枝　久世导演的书里还提到，在《七个孙子》里有一场您去相亲的戏，拍摄的时候，森繁老师突然提出要“剃女佣的后颈发”。

树木　对，他突然说：“拿剃刀来！”

是枝　在彩排的时候吗？

树木　正式开拍前。因为根本就没有什么彩排啊。

是枝　那就是他突然想到的吧。

树木　“在套廊剃”这个点子也是，反正他的点子就是比导演来得快。在套廊的阳光下，咔嚓咔嚓地剃女佣的后颈发。

是枝　而跟您相亲的人就是渥美清老师。

树木　是森繁老师带他来的，说“有个叫渥美清的不错”。

是枝　那时渥美老师还没红吧？

树木　是他刚通过《在梦中相会吧》[21]崭露头角的时候。他在名片上画了自己的脸，走到哪儿发到哪儿呢。

是枝　森繁老师经常把在别处相中的人带到自己的节目上来吗？您大概也是其中之一吧？

树木　他也经常带“这个”（小指）来呢（笑）。“这个”来的时候啊，他可有意思了。那叫一个心神不宁啊。我当时就觉得男人可真有意思，说可爱也行吧。而且啊，那种姑娘的演技往往都不行。

是枝　（笑）在这方面会受个人喜好的影响呢。

树木　对对。所以我才觉得有意思嘛。有一次，我跟他说："你挑'这个'的品位不怎么样嘛。"他回答："哎呀，其实有过一个特别棒的。我不是输在男子汉气概上，而是输在了钱上。"我心想，能在钱上压过森繁老师一头的会是谁啊，结果他说："嗯……田中角荣[22]。"（笑）

是枝　真的假的？

树木　嗯，我听他亲口说的。他坚持主张自己"不是输在男子汉气概上"，还跟我炫耀说"那真是个好女人啊"。真是可爱死了。

是枝　听说他去世前不久还经常跟您一起吃饭呢。

树木　去个东京会馆什么的。

是枝　是他叫您的吗？

树木　嗯。久世导演跟我因为口舌之祸[23]不再合作的时候，最揪心的就是森繁老师了。"我说你啊，就没有回旋的余地了吗？差不多是时候合作了吧？"——这就是他送给我的最后的话。我真的从他身上学到了很多很多。不光是我，当时经常出入他那边，还有跟他搭过戏的人，都从他身上学到了很多东西啊。

说着说着，我就回忆起了很多事……在久世导演的葬礼上，森繁老师说了这么一句话："久世啊，你何必这么急急忙忙地走了呢。"把一个人的死说成"急急忙忙地走"，这句话还是很有他的风范的。

是枝　有森繁老师独特的味道呢。

树木　他还有句经典台词呢："你还那么年轻，我能替你就好了。"久世导演夸他"说得真妙"，他却说："不不不，后面还有呢。'神真是太残忍了'，加起来才是一整套。"可是在久世导演的葬礼上，却成了"急急忙忙地走了"（笑）。

是枝　鸭下信一[24]老师在书里提到，森繁老师参演了小津（安二郎）导演的电影，结果吃尽了苦头。那些事他有没有跟您亲口说过？

树木　欸！没跟我说过呢。他演的是哪部？

是枝　《小早川家之秋》[25]。小津导演为什么要请森繁老师呢？森繁老师是"会做"的人，而小津导演是"不让做"的人啊。

树木　他的确没法像笠（智众）老师那样站着纹丝不动呢。他跟我一样，只要是自己周围的东西，都要摆弄摆弄。导演大概跟他明说了"请你什么都别做"吧。

是枝　书里写的是，小津导演对他说："你真擅长啊。"

树木　"你真擅长啊"……好气人哦。搞不好他在我跟前发过几句牢骚呢。

重看本次访谈的记录后，我意识到萩本钦一老师对"演艺界"的理解和希林老师口中的"演艺界"有些许不同，不过我还是决定带着反思，将对话内容原原本本收录进来。

从严格意义上讲，我在访谈中提到的萩本钦一老师所用的说法应该是“电视艺”。

他是浅草出身的搞笑艺人。从电视这一媒体的原创性出发，他认为电视所展现的不应该是和舞台上一样的专业表演，而应该是“外行人”搞错了节奏，或是抖包袱冷场时引爆的“欢笑”。他将其命名为“电视艺”。众多（电视业界的）专业人士嗤之以鼻，他却无比热爱电视的这种外行性。在我看来，萩本老师的这种态度，也许跟希林老师当年积极主动参演戏剧演员敬而远之的电视剧和广告的态度有着某些相通之处。

与久世光彦在电视上玩耍的时代

是枝　在和久世导演合作的作品中，您觉得最好的是哪一部呢？

树木　我没法列举出哪个作品的哪个场景好，不过让我觉得拍得很成功的情况还是挺多的。两个人一边讨论怎么试试，一边尝试，最后迎来成功的瞬间。不过久世导演在晚年制作“向田邦子新春系列”的时候，还有向田老师开始写出好剧本的时候，他们根本不找我。找我的净是些危险的工作呢。

是枝　久世导演当时大概是在跟您一起玩吧。当年我们这些小孩子看《时间到啦》《寺内贯太郎一家》《穆》《穆一族》也觉得很有意思，这肯定是因为小孩子也能感受到大人在电视上认真地玩耍。

这让我们尤其兴奋。

树木 的确是在玩，自己也在找乐子呢。

是枝 我觉得那就是“电视”的神髓吧。不谈“代表作是这个，艺术性如何如何”，电视就是电视。

树木 没错，那是只有在电视上才能做的东西。

是枝 我作为一个粉丝看了许多久世导演、向田老师和您一起打造的作品，总感觉当时一起玩耍的三位之间有着不可思议的因缘。向田老师得了癌症，转型进入更严肃的领域。在她去世后，久世导演也稍稍脱离了玩耍型的电视，制作了“向田邦子新春系列”等作品，走上了作品主义的道路。

树木 转向了他原本就想做的方向吧。

是枝 您原本大概在有意识地避免让自己作为主演扛起作品，但您在与久世导演分别后患上了癌症，靠着《东京塔：老妈和我，有时还有老爸》一口气迈进，决意走到撑起作品的那一端。三个人踏入职业生涯新阶段的时间节点虽然有些许错位，但好像也有重合的部分。

树木 听你一说，还真是这么回事呢……严肃的基础和天资，大家原本就有。只是三个人在一起的时候，一旦有人提起那些，就会变成“不要搞那么严肃嘛”。大家都想努力地玩，尽情地玩。不过我觉得，向田老师之所以能在后来的小说里写出那么有趣的东西，正是因为她有过那样一个时代。那种难以名状的人性之趣，大概就是在玩耍的过程中培养出来的吧。

拍《时间到啦》的时候有过这么一件事。据说堺正章老师是The Spiders[26]里年纪最小的一个。外出巡演的时候，不是要在旅馆吃饭嘛。服务员一走，其他成员都会使唤他："小正章，给我盛碗饭！"可是把碗端到饭缸那儿盛了再端回来多麻烦啊，于是他就只把饭扔了过去。我们便讨论，看看能不能在《时间到啦》里再现那一幕。起初分别拍摄了盛饭的人跟接饭的人，后期切下镜头就行了，可久世导演说："不行！（摄影机）再往后拉！（用一个镜头）拍米饭飞过去的样子！"布景的天花板没多高，已经到极限了。而且他还让我这个用饭碗来接的人"别看（飞来的饭）！"。于是我演出一边看报纸一边接饭的样子。久世导演啊，特别擅长表现这种滑稽感。

是枝　我这个看剧的人也是印象深刻。

树木　演员情绪到位的时候啊，才最有意思。光做样子可不行。对面盛饭，我看报纸，就在这种理所当然的日常中进行。光是做个样子给观众看，那就成马戏团了。不得了的事情发生在柴米油盐之中——这才对。我们费尽心思，不断寻找这样的东西。

是枝　这跟您现在在电影拍摄现场做的事情没什么区别嘛。

树木　是呀。情绪要是不到位，演什么都没意思。不过能像这样想出好点子也就罢了，想不出来的话啊，久世导演会把毛巾搭在头上自言自语："唉……这种时候该怎么办啊……对了，把奥特曼[27]请来吧！"（笑）

是枝　他还真把奥特曼请来了呢。

树木　实在没办法，只能用这招了。而且我们的出场费也不过一次三万块左右，奥特曼那一身竟然要五万多哦。久世导演便说："好贵啊……那就把下周的也拍了吧！"说拍就拍。

是枝　我还记得那一身松松垮垮的呢。

树木　平时演奥特曼的人都有一米八以上呀。可是堺老师没那么高，所以衣服就显得松了。而且他还是罗圈腿（笑）。久世导演想到那个（奥特曼）的时候，谁都没笑哦，都觉得："好嘞，就这么办！"那就是一个大伙一本正经拍有趣的东西的时代呀。还没搞清楚自己在做什么，就一鼓作气冲过去了。现在回想起来，那个时代的经历着实是笔巨大的收获呢。

是枝　我很喜欢《寺内贯太郎一家》第一季的最后一集。女儿静江（梶芽衣子[28]饰）要出嫁了。贯太郎（小林亚星饰）说他许了愿的，不做石匠了。女儿就说，那我不嫁人了。时常出现在向田老师笔下的"先考虑对方的心情再行动"成了这一集的主题，非常精彩。周平（西城秀树[29]饰）睡过头了，美代子（浅田美代子[30]饰）说"我去叫小周吧"，正要起身，静江却说"我去吧，反正也是最后一次了"，然后就去喊人了，边走边说："小周，你要睡到什么时候啊？"这些都是寺内家的日常对话，可那个早晨是姐姐最后一次去叫弟弟起床。两夫妻（小林亚星与加藤治子饰）也意识到了这一点，纹丝不动地听着女儿渐渐远去的声音。那个镜头真是太棒了。

树木　原来如此啊。我们当年随手拍了很多那样的东西。

是枝　在充满欢笑的故事中突然插入特别正经的瞬间，就是久世导演制作的电视剧的出众之处。

树木　的确有这种闪光的瞬间呢。

是枝　夫妻俩那个镜头的尾巴长了半秒到一秒。演员们也完完全全演出了在“听”女儿声音的感觉。

树木　说到底还是因为牢牢把握住了人的情感啊。真是个好时代啊。

是枝　微妙的细节在那部电视剧里随处可见。比如，儿子半夜把手套的前端稍稍剪掉一点，让母亲戴着更方便，就是这样的细节。

树木　对对。包括久世导演在内，大家分享了齐心协力打造戏剧的乐趣。

是枝　我在书里读到过，说《寺内贯太郎一家 2》临近尾声的时候，向田老师得了癌症，所以第二十九集和最后一集（第三十集）是按久世导演写的剧本拍的。当时您和其他人都了解这些内情吗？

树木　嗯，但当时并没有她得了什么重病的感觉，也就是“生病了所以写不了”而已。以前也发生过，向田老师写不了，于是大家一起补上，把作品拍出来，所以那并不是什么特别令人震惊的消息。就是向田老师不在也能行的感觉吧。

是枝　反正人物都塑造好了？

树木　对对，所以只要有情节就能演。

是枝　久世导演的《时间到啦》《寺内贯太郎一家》《穆》都是家

庭电视剧，但演员阵容在不断更迭。森光子变成了加藤治子，小林亚星变成了伊东四朗[31]，堺正章变成了西城秀树和乡裕美[32]，天地真理[33]变成了浅田美代子和岸本加世子[34]。只有您一直都在，虽然饰演的角色在变。是您一直传承着那份基因。

树木　久世导演当年经常说："我们这些导演啊，只要有一个人懂自己的心思就行啦。"

是枝　您与他的诀别，对他来说一定是一件非常痛苦的事。

树木　他找了很多人来当树木希林的替身，末了好像还有人发火了，说："我做不到！我跟她不一样啊！"（笑）他大概也感慨过"要是那家伙在就好了"。那样确实不幸，不过我这老婆子还是很顽强的，到头来又遇到了你这样的导演，从人群中把我找了出来呀（笑）。

是枝　听到您这么说，我真的很开心。《寺内贯太郎一家》只有一集是现场直播，可是《穆》和《穆一族》现场直播的频率就变得非常高了。与其说它们是电视剧，倒不如说是……

树木　小品。

是枝　对，变成了小品串烧。您有没有听久世导演提起过他为什么要做现场直播的电视剧？

树木　没有，没怎么提过。

是枝　现场直播的准备工作很不一样吧？

树木　工作人员是的，但对演员来说差不多。

是枝　拍一小时的直播集，也要从头到尾彩排一小时吗？

树木　不，那倒不会。因为有些片段是提前拍好的，不全是现场。这样就能稍微休息一会儿了。

是枝　拍《穆》的时候，剧组还在金泽公开录制呢。

树木　为什么要在金泽呢，因为他的这个（小指）是金泽人，老家就在系鱼川那边。可我们又不了解这些内情，都纳闷为什么要跑去金泽呢（笑）。不过当年嘛，大家都是按自己的喜好做的。

是枝　当年有什么让您印象深刻的事情吗？

树木　《穆》和《穆一族》在“周三剧场”播出，赞助商是丰田汽车和花王。没有包袱可抖的时候，我们就说“想开车啊，那还是得选丰田世纪”“花王妮维雅对皮肤就是好”什么的（笑）。

是枝　就是拍赞助商的马屁呗。

树木　当年净瞎胡闹了。那个时代就是那么有趣，赞助商都能拉进来用一用。现在就不一样了，赞助商又多，弄也弄不清楚，拍到一半还会变呢。

还有，说起直播，我在《穆一族》里的小品环节跟乡裕美先生对唱了插曲《苹果杀人事件》[35]，结果这首歌在 *The Best Ten* 拿了第一名。演唱是从第十名开始，所以节目快结束的时候才会轮到第一名出场。反正有时间，就参考在现场看到的服装，让美术师把衣服的一部分剪下来好缠在脖子上。总之我是品尝到了直播的乐趣与妙趣呢。

是枝　那个时代的久世导演，冲向了不知是电视剧、综艺还是歌曲节目的方向，不是吗？我感觉他在《寺内贯太郎一家》之后走上了更靠近电视的道路，这也许跟向田老师的离开也有一定关系。而那个时代的您跟他并肩奔跑在同一条路上，对吧？

树木　嗯，的确是的。不过我感觉在这个过程中，久世导演渐渐觉得无聊了。拍《寺内贯太郎一家》那会儿，他自己写了剧本，完成最后一集的时候着实充满活力，但他后来朝着综艺节目的方向冲去，把能试的都试了一遍，劲头就一下子跌落了。我则是一门心思往前冲，冲到底（笑）。他当年还同时担任着《八点！全员集合》[36]的导演。

是枝　电视剧的竞争对手是《全员集合》？

树木　倒不是竞争对手啦，我们几个有时也会上《全员集合》玩玩。不过他们是他们。毕竟是TBS的两大台柱嘛。我们直到最后都是“以演戏为主”的。不过嘛，大概是久世导演觉得腻了。怎么说呢，就是没处可去的感觉吧。我的口舌之祸来得正是时候（笑）。

是枝　我也有同感。玩到极致之后，久世导演要往哪个方向去？向田老师的离世当然也是一方面的因素，总之久世导演明显到了一个必须做出某种改变的时期。

树木　不过他还没绝望的时候跟我提过一次，说他想拍这样的戏：电视剧里的登场人物在最后一集死去。这样的死亡，剧中的其他人物自然不用说，也能为看电视的观众所共有。他是“想创造一个在剧中确确实实活着的角色啊”。每星期都理所当然地出现的角色在最后突然死去，让全日本的观众都在那一瞬间倒吸一口气，一起哭出来……他想让我演那样的角色。虽然比不过“福山雅治[37]结婚了！我今天不上班了！”（笑）。

是枝　（笑）

树木　“××死了，我明天不上班了！”——他说，他想要这样的沮丧和虚无感，想要创造出这样的角色。要实现这个效果，演员在剧里就必须足够鲜活。而这个剧，也必须是每周必看的电视剧才行。

是枝　您是什么时候听他提起这个构想的呢？

树木　正在拍《寺内贯太郎一家》的时候吧。他说，“哎，要是有个角色能让全日本的人都一起哀悼‘××死了’，那该有多好啊”。的确如他所说啊。

是枝　我不确定这跟刚才提到的想法有没有关系，不过久世导演不会让电视剧完结于电视剧中的世界，而会让它向外敞开。比如，伴淳三郎老师在现实中获得紫绶褒章的时候，他在《穆一族》里饰演的老资格足袋工匠也相应拿到了蓝绶褒章（根据工匠的身份设定稍作调整）。

树木　对不起，我不记得了。

是枝　总之久世导演在剧里用了很多紧跟时事的段子。这就是电视跟电影的不同吧，说这是电视的特性也行。久世导演在这方面特别敏感。

树木　是呀。

是枝　在《穆》里面，岸本加世子老师扮演的角色也聊起过“浅田美代子跟吉田拓郎[38]结婚了”这种现实中的新闻。浅田老师出演过《寺内贯太郎一家》和《时间到啦》，而久世导演把演员的亲身经历化作了电视剧的精髓。换成一般的电视剧制作者，肯定会排除现实的元素，把一切封闭在虚构之中，但久世导演会有意识地打开。绝非以作品的完成度为先，他认为这才叫“电视”。

树木　他就是这样打造作品的呀。他说“美代子怎么就被最糟糕的男人给逮住了呢”，还故意把《穆》的主人公（乡裕美饰）命名为“拓郎”。他总是像这样把别人的绯闻转化成滑稽的调侃，可是等自己闹出绯闻的时候，他就给TBS递了辞职信。一下子变成了普通人呢。

是枝　原来如此……

树木　我就想，原来男人都会变成那样啊。周围的人看得清清楚楚，当事人却以为自己还瞒得严严实实，这种事可多啦。真是有意思。不过也亏得久世导演辞了职，他才能写书呀。作为作家，他写了很多相当好的书。我觉得吧，这还得归功于惹出口舌之祸的我啊（笑）。

是枝　久世导演有一本叫《颠倒》[39]的系列短篇集。在作品中登场的女演员“弥勒”就是以您为原型的吧？

树木　对，就是我。封面的插画都很像我呢。那时的久世导演可有文才了。着眼点特别有意思。

向田邦子作品不再找我了

是枝　我能问几个和向田老师有关的问题吗？在向田老师去世前不久，您是不是跟她走得不太近，也没怎么去她家？

树木　走得一点都不近。因为她写了小说版《寺内贯太郎一家》，就是随便写写的，实在糟糕得很，让我特别遗憾。她大概也不想跟我这种麻烦的人打交道吧。她抗癌成功回归工作之后，开始描写人心深处的东西了，还拿了直木奖。就算 NHK 要拍她的作品，我也根本不在邀请之列。

她去世的时候，有报社打电话来采访我……8 月 22 日。虽然她年纪轻轻就走了，但人生还是很圆满的，毕竟在历史上留下名字了。转型走严肃路线之后，她也写出了好东西啊。久世导演也写出了好东西。所以这样也挺好的（笑）。我要是没遇见他们俩，这辈子怕是会过得很无聊吧。向田老师应该也一样。我们经常一起去吃午餐。“你要麻婆豆腐套餐是吧？那我就点饺子套餐好了，对半分吧。”在这种时候，我们倒是很合得来。

是枝　您去过向田老师在青山的公寓吗？

树木　去过好多次呢。买那套房子之前，她住在西麻布，就在我家边上，那个时候我们已经认识了。她赚得大概比我多。因为青山的那套公寓可贵了……哎，慢着慢着，我应该有很多更好的故事可以讲给你听的啊。

是枝 （笑）您赶紧回忆回忆。二位没有一起出门旅行过吗？

树木 没有呢。大家一起出游的时候，她也许是在的，比如《寺内贯太郎一家》剧组全体出游的时候。拍《穆》的时候，剧组也去了埃及[40]，不过那时候向田老师已经病了。当时她还不到五十岁啊，太年轻了……

是枝 向田老师去世的时候才五十一岁啊。走得太早了。您出演了她前半期的作品，后半期的则是加藤治子老师演得多，您有听说过什么关于加藤老师的逸事吗？

树木 她应付不来所谓的喜剧或者综艺，所以拍《寺内贯太郎一家》的时候没有展现出什么过人的才华，但向田老师改走严肃路线之后的作品跟她倒是一拍即合。我觉得她的存在对于向田老师来说或许是一大幸事。

是枝 我也觉得。向田老师去世后，久世导演拍了很多根据向田老师作品改编的电视剧。您是如何评价那个系列的呢？

树木 我觉得很好啊，也感叹他确实擅长打造电视剧。只是里头没有玩耍的成分和喜剧的成分，这方面就……你看过《老师的提包》[41]吗？

是枝 当然看过。

树木 我在那部剧里演了吃笑菇的人哦。

是枝 嗯，太有意思了。您演的是老师（柄本明[42]饰）的妻子，跟老师一起去野餐，结果吃下了笑菇。

树木 对对。但久世导演完全没挑我的毛病。

是枝 变得有些淡然了？

树木 岂止是淡然啊，真是一点刺都不挑。他自己一心扑在了饰演主人公的小泉今日子[43]身上，这倒是很好。

是枝 小泉女士说过，是久世导演教会了她怎么演戏。还说她在久世导演的作品里学到了很多很多。

久世导演开始拍摄“向田邦子新春系列”的时候，田中裕子应该对他产生了很大的影响。他将田中老师的演技奉为理想。据说有其他演员说过：“你让我演成田中裕子那样，可我根本办不到啊。”您跟久世导演讨论过田中老师吗？

树木 从没有过。跟桃井薰[44]合作的时候，久世导演的兴趣还在她身上。可后来田中裕子冒出来了，他就有种被迷住了的感觉呢。

是枝 通过作品也能看出来。

树木 作为演员，田中裕子大概更出色一点。

是枝 我觉得对田中老师来说，跟久世导演的邂逅也是人生的一大转机。我感觉无论是她还是小林薰[45]老师，都通过“向田邦子新春系列”大大提升了自身的演员素质。

树木 因为久世导演有提升演员能力的本事呀。

是枝 绝对有。您不想跟田中老师合作吗？

树木 那倒不是，不过人家大概不愿意吧（笑）。

是枝 会吗？

树木 毕竟我的个性太强烈了呀。在你的电影里倒还好，可是稍不留神，我就会做出不得了的事情来（笑）。跟久世导演玩出来的部分还是会突然冒出来。明明没人提要求，可就是会忍不住那样演。

这样的情况有过好几次：一起参加完电影的宣传活动，或是帮我配完广告旁白、走出录音棚之后，希林老师开口问我："等下有时间吗？"我们便在比平时稍晚一些的时间共进午餐。用餐的地方往往是她常去的寿司馆，或是位于代官山的老字号西餐馆"小川轩"。希林老师家离我的办公室很近，有时她甚至会突然打电话来说"我现在上你那儿去"，然后散步过来。有好几次我不在，她就拉着西川美和[46]跟几个年轻的工作人员，边喝红酒边聊天，聊完便回家。

"那个你看了没？"

要是希林老师这样发问，那么她的评价十有八九是比较低的，可我要是持不同观点，回答"挺有趣的"，她便会反问我：

"嗬，有趣在哪里啊？"

如果讨论的对象是跟我们俩都没什么关系的外国影视作品——"嗬，还能从这个角度看啊。真有意思……"希林老师如此感慨一番，事情也就过去了。然而，一旦牵扯到她认识的导演或演员，就没法轻易过关了。

有一次，希林老师问我："你喜欢什么样的编剧啊？"我随口回答："最喜欢的是向田邦子。"话音刚落，她的脸顿时绷紧。

“哦，比如哪部作品？”

“我想想，比如《宛如阿修罗》啦，《冬季运动会》[47]啦……”

“啊……是跟我分开之后的呢……”

希林老师说这句话的时候，表情着实不可思议。既不像松了口气，又不像嫉妒。

对希林老师而言，向田老师与久世导演都是当年跟她一起在电视上认真玩耍的伙伴。虽然有这样的大前提在，据说当年剧本也经常出岔子。大伙在摄影棚左等右等，剧本就是不来，好不容易把剧本盼来了，却是没写完的半成品，末尾附着一句“后面的就拜托了”，害得堺老师、浅田美代子老师他们不得不推敲到半夜，这才好不容易拍出来。因此本就不是由向田老师主笔的《时间到啦》自不用说，将《寺内贯太郎一家》称为“向田邦子作品”，大概也会多多少少让希林老师觉得别扭吧。

我说久世导演是我很喜欢的导演之一时，希林老师也给出了相同的反应，总是先从否定开始。

“他一点毅力都没有。”“他满脑子都想着这个（小指）。”“好的特别好，差的特别差。”

不过只言片语，却透出了在离他最近的地方观察他多年的人才会有的爱恨参半。久世导演拥有敢于对他说狠话的伙伴，这也令我羡慕不已。

如果久世导演没有在筹备电视剧版《东京塔》的时候去世，

而希林老师参演了那部剧，事情又会发展成什么样呢？

我抱着这样的疑问，重看了这对拍档再聚首后合作的两部电视剧——2003年在WOWOW播出的《老师的提包》，以及2004年在TBS播出的《向田邦子的情书》[48]。

希林老师当然充分发挥了自身的特色，存在感十足，教人印象深刻。然而正如当事人所说，久世导演怕是没有随性玩耍的闲情逸致。森繁久弥老师也在《向田邦子的情书》里演了个戏份很少的角色，不过可惜跟希林老师没有交集。而且在这部作品中，不知是年龄还是设定的问题，抑或是导演上出了偏差……森繁老师竟让我感到陈腐，要知道这部作品描写的明明是上世纪六十年代的东京，而在描写战前的“向田邦子新春系列”中，他从没给我留下过这样的印象，这着实教人遗憾。久世导演打造的原本是时刻直面“当下”、新鲜的电视剧，我却第一次感觉到了俗气。敏感的希林老师肯定犀利地察觉到了这一点，如此想来，她会对自己被选中参演这件事本身产生疑问兴许也是必然。因为她意识到，自己参演久世导演的电视剧，并不能对作品有所助益。

在《向田邦子的情书》中，山口智子[49]饰演向田邦子，希林老师饰演女主角恋人[50]的母亲。剧中有一场戏是母亲坐在套廊，为自杀身亡的儿子伤心难过，咏诵斋藤史[51]的短歌，给我留下了深刻的印象。

おいとまをいただきますと戸をしめて出てゆくやうに

ゆかぬなり生は①

这首短歌收录在1976年出版的歌集《直红》[52]中。根据斋藤史的年谱，她的丈夫在1973年因脑血栓住院，年迈的母亲也在同一时期失明，因此她不得不同时照顾两位家人。这与向田邦子的境遇（恋人因病瘫痪）的确有不少相通之处，但短歌诞生的时期与电视剧的时代背景相差甚远。

是谁特意让希林老师念出了这首超越时空的短歌？箭内道彦[53]先生发行的免费杂志《月刊风与摇滚》[54]收录了一篇希林老师的访谈，其中提到了另一首斋藤史的短歌。

老いてなほ艶とよぶべきものありや　花は始めも終りもよろし②

希林老师引用了这首短歌，并说道："我的花开并不算美好，但在花落时分，我还是想去往一个更美好的地方。"

不过希林老师并不是最早在公开场合提及斋藤史的人，久世导演比她更早。他在1995年发表的《陛下》[55]是一部围绕二二六事件[56]展开的小说。作品的最后一章，就始于斋藤史针对该事件创作的短歌。

① 含义：留下一句"就此别过"，关门离去，如此结束人生不过是奢望。
② 含义：老亦老而风韵存，花开花落皆是美。

あかつきのどよみに答へ嘯きし天のけものら須臾にして消ゆ[①]

其实在久世导演口述、森繁老师笔录的《大遗言书》中，有一篇题为“目送几多生离死别”的文章，其中也有关于斋藤史的记述。

今年四月，歌人斋藤史女士去世了。与她青梅竹马的男性友人们因受昭和十一年的二二六事件牵连被处决。好友被以如此残酷的形式夺走，她呕血吟出“暴力のかくうつくしき世に住みて　ひねもすうたふわが子守うた”[②]的短歌，又在年过八十的晚年作歌一首：“友等の刑死われの老死の間埋めて　あはれ幾春の花散りにけり”[③]。她历经了过分漫长的昭和岁月，在九十三岁那年结束了暮色的生涯。

这篇文章写于 2002 年，也就是电视剧播出的两年前。久世导演对二二六事件抱有特殊的情感，在电视剧（《丽子的脚》，1987）和文章里都曾多次提及。据我推测，在《向田邦子的情书》中引

① 含义：在黎明时的喧嚣中对天豪言壮语的飞鸟，终将在须臾之间消失不见。
② 含义：如此华美的世界充斥着暴力，我却唱着儿歌哄孩子。
③ 含义：友人的处决和我的老死之间，葬着几个春天的花落。

用斋藤史的短歌应该不是编剧或希林老师的主意，而是久世导演的决定。

编剧小林龙雄[57]在其著作《久世光彦 vs. 向田邦子》[58]中对这番引用提出了疑问，表示“看完之后，这首短歌给观众留下的印象反而比两人的悲伤更加深刻”。作者还总结道，“明知会造成这样的效果，不惜破坏作品的平衡，也要将自己的世界介入其中”。也许是这样没错。然而，久世导演所介入的并非“自己”，而是“当下”吧？他想像写日记那样，把斋藤史去世了的当今时代与当下的心境（诚然，那也许是久世导演自己的心境）记录在电视剧中。因为长久以来，他一直都是如此打造电视剧的啊。

如今回头想来，希林老师大概也很清楚她的家人承受着外人难以估量的精神重压，但她还是说了一句：

“就此别过。”

然后关上门，潇洒地踏上了从生到死的旅程。

斋藤史还有这样一首短歌作品：

君は死者われは老いたる生者にてその距離他よりいささか近き①

在制作《向田邦子的情书》时，久世导演惦记着的“死者”

① 含义：你是死者，我是年老的生者，我与你的距离因而比他人略近。

无疑是向田邦子。对于刚与我相识那会儿的希林老师，那个人恐怕是前一年过世的久世导演吧（她本人大概打死都不会承认）。而对于刚与希林老师相识的我而言，那毫无疑问是我的母亲。

扮演老婆婆的诀窍与创意

是枝 接到影视作品的邀约时，您会按什么标准去挑选呢？

树木 从片酬高的挑起。

是枝 （笑）您总是这么说，但其实不是这样的吧？

树木 没有，就是这么挑的呀。再就是看谁先谁后吧。

是枝 但我感觉有几位影视导演比较中您的意，所以接连参演了他们的作品。

树木 有吗？

是枝 深町幸男导演怎么样？

树木 深町导演的确是我很喜欢的。

是枝 因为《梦千代日记》合作得很愉快？

树木 是啊。而且它也成了吉永小百合的代表作。

是枝 在那之后，您又跟小百合老师合作了好几部作品呢。比如坂东玉三郎[59]老师导演的《梦之女》[60]。

树木 我觉得她在那部片子里真的演得很好。

是枝　特别好呢。

树木　比如最后一幕。剧组搭了深川洲崎河堤的布景。还记得小百合女士一直在背很长很长的台词，玉三郎导演也是尽心尽力地给她提建议。我特别喜欢《梦之女》里的小百合女士。

是枝　导演给了什么样的建议？

树木　他亲自示范了几个姿势。小百合女士饰演的女主角是个美丽文雅的妓女，因为死了丈夫，不得不卖身为娼。有一个场景是她在宴会上陪客，客人递酒杯给她，说："你也来点？"她回答："那就不客气了。"看了她的表演，玉三郎导演便说："小百合啊，这么演就成女学生啦。你不能嘴上说'那就不客气了'，得用肩膀去喝。你现在还是在用嘴喝。"光听这话，肯定不明白该怎么演呀。于是玉三郎导演就忽地做了个用肩膀回答的动作。他还让小百合女士"从下巴那里喝"，然后又演示了如何把酒杯从下巴那里拿到嘴边。

是枝　原来那番诱人的风韵是这么来的啊。

树木　玉三郎导演自己也是演员，所以他从不会当众指出演技的缺陷。跟我提意见的时候，他也会趁别人不注意，悄悄凑到我旁边说："希林啊，我跟你说……"反正他绝不会让人当众出丑。大概是他的这种特质跟小百合女士特别合拍吧。

拍照的时候，连罩衫要怎么拉下来、弄成什么角度，都是玉三郎导演亲自下的指示："再来点，对，再下来点，下来点，好！就到这儿！"筱山纪信[61]老师只要按快门就行了（笑）。他连对步态都讲究得很，说小姑娘和有过男人的女人啊，步态是不一样的，正经的老板娘和卖身的女人走起路来也不一样，他把稍有些走样的女人最有魅力的地方传达给了我们。那真是玉三郎导演的杰作啊，太精彩了。

是枝　是什么契机让您参演了铃木清顺导演的《流浪者之歌》[62]呢？

树木　那时我经营着一家叫夜树社[63]的事务所，正好《流浪者之歌》向大楠道代[64]发出了邀约。于是我也问了问："有什么角色能让我演吗？"对方说有个老婆婆的角色，我便说："哦，就那个吧，我来演。"（笑）

是枝　原来是通过大楠老师搭上线的啊。

树木　那时铃木清顺导演还没火起来，但田中阳造[65]老师的剧本很有意思，我就跟她说："你就试试看呗。"我也顺便演了个抓鳗鱼的老婆婆。不过那鳗鱼真是太恶心了。在那之后，我也稍稍演了一些清顺导演的作品，不过他并没有给出让我特别惊讶的指示。

是枝　最近我重看了描写金嬉老事件[66]的电视剧《金的战争：来复魔杀人事件》[67]。您在剧中扮演了金嬉老的母亲。

树木　演完那部剧以后，金嬉老的律师跟我说："我经常去熊本监狱跟当事人会面，你们两个的脸明明是完全不一样的，给人的感觉却一模一样呢。"我问："哪里像了？"他回答："他看上去分明就是您演出来的那个人。"刚播出的时候，也有人说"树木希林隐瞒了自己是在日韩国人的事实"呢。

是枝　您没见过他的母亲吗？

树木　没有。但你不觉得我演得很像吗？

是枝　特别像，所以我才印象深刻啊。您当时还不到五十岁吧？

树木　演老婆婆的时候，我总会想办法让上半身显得长一点，穿上看不出双腿轮廓的传统劳动裤。不过上了年纪的韩国人啊，上半身特别短。我觉得这一点很关键，所以拍铁轨那场戏的时候，我也是特地那么走的。后来有人说我拿着一升瓶走路的轮廓特别像韩国人呢。我这人吧，比较喜欢用体型来表现。角色的心态跟《比海更深》一样，演的时候一心想着儿子最宝贝。我也有那种得心应手的时候呢（笑）。小武（饰演金嬉老的北野武[68]）也说："希林老师要是跟一般的演员搭戏，差距就太明显啦。搭不上啊，您跟别人。"

是枝　毕竟就您一个人演得极其真实呢。

树木　可我不是故意的呀。韩国人不是会比较强势一点嘛。我经常在机场之类的地方看到大声责骂儿子的母亲。我只是把通过那些片段搜集到的信息串起来了而已。换上服装的时候，也会像刚才说的那样琢磨琢磨。所以服装啊……装扮占八成（笑）。

是枝　也就是说，您是在用体型演绎角色是吧。

树木　就靠体型。绝对是体型最要紧。变老就是这么回事。所以我从没往脸上画过皱纹。都是靠体型。随着年龄的增长，身体会越来越小，就这么简单。

是枝　说起塑造角色，久世导演在书里提到，您在演《寺内贯太郎一家》那会儿，有一次在坐电车的时候观察起了同车的一位老婆婆，最后还一路跟着人家去了养老院。

树木　我才不会做这种事呢。

是枝　那就是久世导演稍微夸大了？

树木　嗯，夸大过头了（笑）。不过当时我周围有的是老婆婆呀。老婆婆都是很顽强的，不会轻易让步。这样的老婆婆我看得多了。“年轻人眼里的老婆婆”我是不作考虑的。只当人家是年纪碰巧比较大，“但心态还跟年轻时一样”。人啊，无论年纪增长多少都不会变的。只是体型变成那样而已。我不是去扮演老婆婆，只是把自己本来的样子演出来罢了。

是枝　请女演员演老人家的角色时，她们大多认定“我还年轻”，所以会特意扮演老人家，但您不会这么做。

树木　不会。

是枝　这正是您的过人之处。

树木　尤其是女演员，总觉得自己还没上年纪。于是就会认定“这个年纪的人大概是这样的吧”，按自己的想法去演。更有甚者平时把白发染成茶色，要演的时候其实只要把头发恢复原状就行，却偏要把茶色的头发再染白。这么一搞就成了利尻岛的胧昆布呀（笑）。我觉得并不是染个头发就能变成老婆婆。不用刻意变老，自己原本的模样就行了呀……

是枝　久世导演还在书里提到过，您在演《寺内贯太郎一家》的时候一直戴着露指手套，那是您自己想出来的点子吧？

树木　是我自己想出来的没错，不过那是因为我懒得化妆。三十来岁的时候，我的手可好看了。血管什么的都看不到，简直能当手模了。可手毕竟也会出现在画面里，我的手看上去不像是老婆婆的，所以每次都得给手化妆。

是枝　画点皱纹什么的？

树木　我嫌麻烦，就戴了手套，然后把手指那部分剪掉。

是枝　原来如此，这才是原因啊。

树木　对。我干什么都讲究效率。

加藤治子鉴赏表演的眼力从不动摇

是枝　我还想跟您聊一聊加藤治子老师。二位的交情是从什么时候开始的呢？

树木　是从《七个孙子》开始的吧。那之前，我们都在文学座。大家都很仰慕她，喊她“小治子”，特别喜欢她。她最开始是因为跟榎健（榎本健一[69]）演对手戏崭露头角的，在文学座也是大伙的偶像呢。我当年倒是老欺负她（笑）。

是枝　在演戏的时候？

树木　不，我经常拿她的私生活开玩笑，比如“为什么你老公老在外面找女人呀”。但她总会很巧妙地顺着我的话往下说。

是枝　她比您年长二十多岁吧？

树木　比我大二十二岁。她是个上了年纪也很可爱的人。当年常有各种各样的人捧着花傻站在她家门口，想进又不敢进呢。什么导演啦，指挥家啦。

是枝　真是女神啊。

树木　没错，就是女神。我之所以喜欢她，是因为她鉴赏表演的眼力从不动摇。就这一点。当然这一点已经很了不起了。归根到底，还是在文学座培养出来的吧。她的丈夫加藤道夫[70]老师，还有芥川比吕志老师、三岛由纪夫[71]老师……我觉得她的眼力就是在这些厉害角色的环绕下提升的。她所追求的是不卑不亢的、精准的表演。所以每每听她的点评，我都不由得想，"做演员的啊，还是得朝着这样的目标努力"。让她演个好人家的夫人啊，那叫一个惟妙惟肖。可是演描写当代风俗人情的世态剧就不行了，虽然她本人很喜欢，也会主动去演。于是我就会刁难她："你那么懂表演，怎么就演成那样了呢？"她又会顺着我的话说："可不是嘛！"（笑）我就喜欢她这一点。

是枝　不过，她对跟自己演对手戏的人的演技还是很挑剔的吧？

树木　"演成那样的人没有活着的价值"之类的狠话，她都能随口撂下呢。就是这一点特别招人喜欢。我会在心附和："说得没错！"

是枝　二位会在什么时候聊这样的话题？

树木　只要一见面，基本都会聊这些。一起吃饭的时候，也是聊演戏最有意思。

是枝　加藤老师认可的演员都有谁呢？

树木　还健在的人里有山崎努[72]老师。算上已经去世的，还有刚出道那会儿的松田优作[73]吧。加藤老师在久世导演的电视剧里跟松田优作先生有过一场激情戏。明明不用脱，她却把上半身给脱了（笑）。把绝对有自信的地方露了出来，可爱得很。

是枝　真可爱啊（笑）。我懂您的意思。

树木　……那样的女演员怕是再也不会出现了吧。有那种气场的人倒是冒出来了几个，但大家都太聪明了啊。要是往卖弄小聪明的方向走就危险了，加藤老师可从来不耍滑头。九十岁的人了，还留着童花头，染成漂亮的粉红色，说什么“我再也出不了门啦，不想被拍到”。不过她的遗体真的很美。她也算是活透了吧，这场演员人生。

是枝　在她去世前不久，您跟她都还有来往吧？

树木　是啊。她打电话来说：“我告诉你呀，我想买副眼镜。”“行啊，去哪儿买？”“TBS 转角那儿不是有家眼镜店吗？”“哦，电线杆那边是吧？几点见？”我们就这样聊了几句，但我知道她是不会去的，所以就没去（笑）。

是枝　没去？那她就是想跟您说说话吧。

树木　对对。事后我还打了个电话过去问呢，结果她的随从说：“对不起，她已经睡下了。”

是枝　加藤老师跟杉村（春子）老师的关系怎么样？

树木　杉村老师还是很认可加藤老师的，说“她有我没有的好东西”。不过加藤老师毕竟不是那种无所不能型的演员。怎么说呢，在表演层面，她们不会刻意留心对方。在文学座，她们的定位也是不同的。

是枝　您觉得森光子老师跟加藤治子老师最大的区别在哪里呢？

树木　……我也到了可以讲这种话的年纪了啊……比方说，有些人会为了拿文化勋章拼命努力，而有些人不会，这是两种不一样的类型，对吧？两类人基本是各走各的路。所以他们的表演自然也会有所不同。

是枝　在《时间到啦》中和森老师搭戏时，您也没有“很有趣”的感觉吗？

树木　怎么说呢，森老师本就没有追求有趣的心思。不过她真的是个好人，会给我们买礼物，做事也很周到，但这跟表演是两回事。碰上我这样的演员，森老师大概也很郁闷吧。她有名气响当当的作品，也有让人感叹“那可真了不起啊”的东西……但是在跟她打交道的过程中，我并没有那样的感觉。她性格是很好，人也的确很可爱，但我总觉得这跟她的表演是两回事。杉村老师当年常说，（模仿声音）“性格不太好什么的，我也完全不介意。但演技很奇怪的人啊，我最讨厌了”（笑）。

是枝　真像啊（笑）。仔细想来，森老师表演的时候口齿非常清晰，台词听着很舒服，在技术层面的确有相当了不起的地方，但不太有那种“在和其他演员搭戏的过程中催生出某种东西”的感觉。她的表演不是沟通，一切都在她一个人身上完结。我这么说没错吧？

树木　没错。还记得那是《时间到啦：昭和元年》[74]吧，有一场戏是我演的老婆婆倒下快死了，这时森老师冲了过来，一边使劲掉眼泪一边说："婆婆！你怎么会这样啊！"导演一喊cut，我就对她说："我完全感觉不到您的情绪。"（笑）

是枝　您可真敢说啊。

树木　然后片场顿时鸦雀无声。当时森老师还要演舞台剧，是舞台剧散场以后来片场的，所以才会变成那样吧。毕竟在舞台上，无论是发声的方法还是表现形式，都跟电视完全不一样呀。所以我明明比她小很多，却还是对她说："哎呀，不好意思，我完全感觉不到您的情绪，这样真的没问题吗？"真是个讨厌的家伙啊，我这人（笑）。这种话，亏我说得出口呢，脸皮太厚了。算了，我就是这种人啦。无论对面是谁都无所谓啦。

是枝　在这方面，您跟加藤老师大概也有几分相似。

树木　确实。不过她开口之前会细细斟酌什么时候该说，什么时候不该说。但我不一样，怎么说呢，森老师越是一个劲流着泪地演，我就越觉得扫兴。其实我大可不说那些，来一句"您辛苦了！"，直接回家就是了呀。

是枝　那不正是您的优点嘛。

树木　天知道是优点还是缺点。只怪我把这样的性格贯彻到底了，才变成了这么个自说自话的人啊。也因为这样，才生了癌啊（笑）。

是枝 您跟加藤老师吵过架吗?

树木 不吵架。只是我单方面说些刻薄话罢了。我当年啊,经常做些让双方都头破血流的事情。她常说“你好刻薄啊”,还说:“可你写出来的文章又特别好呢。为什么你能那么犀利呢?”(笑)于是我就回答她:“因为我刻薄呀。”真是刻薄呢。怎么能刻薄成那样。难为情啊。太难为情了,真的是。

此刻我正为自己在访谈中的发言深刻反省。那时的我实在是僭越了。我这种连森光子舞台剧代表作都没看过的人,又有什么资格仅凭电视剧就对她的表演评头论足呢。虽说那是为了让希林老师说出真心话而“抛砖引玉”,但我说得也许确实过分了一些。而且希林老师对森老师的点评,好像也仅仅建立在与她十分喜爱的加藤治子老师之间的对比上。这也能体现出希林老师和加藤老师的合作的确非常愉快。

加藤老师有一部题为《一个女人》[75]的自传(采访者:久世光彦)。她在访谈中表示,她参演过许多向田老师的电视剧,其中“寺内贯太郎一家”系列是最愉快的。久世导演也顺势点评道:“光与影的比例,或者说明快的部分和灰暗的部分的配比恰到好处,向田老师自身那些健康的、温热的东西仿佛温泉一般涌出。”希林老师应该也有同感吧。

在日本家庭电视剧的历史中,森光子的登场和她所塑造的全新的“母亲”形象具有划时代的意义，这根本不需要我在此赘述。

《天国的父亲，你好》[76]（后发展为人气连续剧，共播出二十一集）是森光子在电视上饰演“母亲”的早期作品之一。该片由TBS的鸭下信一执导。他表示这个角色“需要森光子的写实、纪实型表演风格”，还给出了这样的点评：“不用敬语，平起平坐吵架的母子形象的确新鲜极了。儿子、女儿和‘站在相同的基础上、以相同的方式思考问题’的母亲这样的组合此前从没有过。”（出自TBS《调查信息》2011年11、12月刊的“电视日记”）

久世导演当然也是对森光子给出高度评价的导演之一。有趣的是，他在题为《想念》[77]的散文中提到，森光子和田中角荣有一样的习惯，记得自己周围工作人员的名字或昵称。在现场，她不会喊“小道具老师”“灯光老师”，而是喊“小虾，来一下”“阿虎，这个麻烦你”。站在希林老师的角度看，也许这样的体贴反而让她产生了“装模作样”的感觉。

话虽如此，向田邦子的《父亲的道歉信》[78]中收录了一篇题为《小与大》的散文，其中提到悠木千帆带着森光子去向田邦子在新建公寓的家做客。根据文章，“我（向田）正在为她们参演的电视剧写剧本”，并且“我在六年前买了公寓”。对照年谱，可知向田邦子在1970年离开霞町的家，搬进了南青山五丁目的新公寓，所以文中提到的上门做客应该是1976年的事情。当时向田老师在写的想必正是次年11月开播的《诚子宙太郎——忍宿借夫妇巷谈》[79]。

电视剧的舞台是位于东京平民区神田的一家殡仪馆。森老师饰演住家女帮工，希林老师饰演社长的情人（顺便一提，社长夫人的扮演者是加藤老师）。鉴于两位老师在拍摄之余还有那样的来往，我认为两人当时的关系倒也未必不好。

演员们，还有丈夫们

是枝　再聊聊跟您合作过的演员吧。您也参演过“寅次郎”呢，系列的第三部《寅次郎的故事：疯疯癫癫的阿寅》[80]。

树木　标题出来之前的一场戏而已啦。

是枝　演了一位信州的服务员。但给人留下的印象很深刻呢。

树木　不过那部的导演不一样哦。

是枝　是森崎东[81]导演，不是山田洋次导演。

树木　对。在那之前，我已经跟渥美清老师合作过很多次啦。比如《有趣的夫妇》[82]。

是枝　电影的话，“寅次郎”是第一次？

树木　电影就那一次。

是枝　这么说来，那个同框的镜头也算是非常珍贵了吧。

树木　珍不珍贵我不知道，不过现在想想，我还挺想在渥美老师的全盛时期跟他合作电影的呢。当时连这个念头都没有过。毕竟那会儿大家都认定他不会那么早走的。

是枝　渥美老师的轻快中透着股难以名状的哀愁。虽然现在不存在了，但演员中的确有过这样一个谱系，比如森繁老师、弗兰克·堺[83]老师、渥美老师。我觉得那代人特有的轻快与哀愁是不可多得的。因为他们是经历过战败的一代吗？个中缘由我倒也不是很清楚。

树木　森繁老师并没有一张个性鲜明的脸。他长得非常普通。但弗兰克老师和渥美老师的脸是见了一次就不会忘记的类型，对吧？所以选角的人也会避开普通的角色。这还挺可惜的呢。说句不太合适的话，我觉得即便在最火的时候，渥美老师大概也很想把寅次郎结束掉，多演点不一样的角色吧。

是枝　也许是一连拍了那么多部，肩上的担子太重了，以至于他实在没法卸任了……除了他，还有其他您想要合作却没能有机会实现的演员吗？

树木　这个嘛，其实我还挺想跟高仓健[84]老师好好合作一下的，只是我们表演的倾向不太一样，所以不曾相遇。没有人比他更适合演绎黑帮的死心眼了。如果他演黑帮的时候我是现在的年纪，真想演个第几代女当家试试看啊。其实高仓健老师很懂表演。他不会像我那样刻意演得一看就明白（笑）。

是枝　真没想到您会提起高仓健老师。您是在什么时候感觉到“他很懂表演”的呢？

树木　当年有一部叫《从现在开始：海边的旅人们》[85]的电视剧。

健老师是主演，演一个年纪轻轻却进了养老院的角色。我能明显看出他在克制自己的表演。在那之前，我还以为他就只是长得英俊，只是会潇洒地拔个刀的明星呢（笑）。

是枝 殊不知人家恰恰是“演员”。

树木 看似一言不发，什么都没做，其实是在认真感受。我清楚地认识到，他是位非常优秀的演员。他也好，渥美老师也罢，大红大紫过的人果然都不只是凭运气呀。虽然他们不像胜新太郎[86]老师那样，一开始水平就很高，又热爱演戏，但他们都有上升到那个境界的资质。事到如今，我才回过神来。没能跟他们合作真是太可惜了。

是枝 您跟胜老师也一次都没合作过吗？

树木 不，合作是有过的，比如《续·酩酊博士》[87]什么的。但没有在他最好的时期合作过。我们私底下是很熟的，所以总觉得自己错过了好机会呀。

是枝 如果是您跟胜老师，那肯定很有意思。毕竟他在电视上也相当放得开呢。我感觉他跟您应该能合得来。

树木 他管我叫“悠木”来着。有一次他跟我说：“悠木啊，你身后有一群人追赶你的表演，桃井薰啦，田中裕子啦。但目前还没一个人超过你啊。”我说：“这种话，你说那么大声。”（笑）还有，我曾经因为《影武者》[88]的事情跟他说：“胜老师，您又是何苦呢，接着演不是很好嘛。”结果他回答：“悠木，即便是黑泽导演，也会拍出烂片的啊。”（笑）

是枝　的确会很想看看胜老师演《影武者》呢。毕竟一看黑泽导演留下的素描就知道，那完全就是照着“胜新”① 画的。

树木　我跟仲代达矢[89]老师聊过这件事。我说：“仲代老师，您当时一定很痛苦吧？”他回答：“是很痛苦。”毕竟他要在世人各怀想法的情况下演那个角色……

是枝　真不容易啊。

树木　无论在哪个时代都一样啊。不过像胜老师那样全身心投入表演的人真的看不到了呢。

是枝　胜老师也有些以对付 wide show 为乐的意思，跟您很像呢。

树木　他一碰上喜欢的女演员啊，对手戏就会演得特别长（笑）。在《座头市》[90]里也是，跟樋口可南子[91]一起的入浴戏拍得格外长。他这方面啊，真是可爱。

是枝　田中邦卫[92]老师呢？

树木　田中邦卫老师是很好的，可怎么说呢……他只有一种颜色。不过他的武打戏特别有魅力。在一部叫《捕快阿沟》[93]的电视剧里，他演了个叫“阿沟”的捕快，武打戏潇洒又性感。不是猛地砍过去，而是有种身体在碰撞的感觉，肉体相互碰撞的响声也包含其中。我觉得大家都有各自的过人之处吧。

是枝　您跟松田优作老师有什么交集吗？

树木　我在“六月剧场”[94]这个剧团的时候，他作为见习生入团了，所以我们见过一次。

---

① 对胜新太郎的爱称。（编注）

是枝　之后呢？

树木　在一部叫《再见了哥们儿》[95]的电影里合作过呀。我演他姐姐。还记得那时我对优作说过："你啊，不能跟小健（萩原健一[96]的昵称）演成一个样子啊。"

是枝　那个时代的松田老师肯定很崇拜小健、原田芳雄老师这样的演员。现在大家可能会反过来以为松田老师是被模仿的对象，其实他的起点显然是对小健、原田老师的模仿。

树木　不过我觉得他没把我的话听进去。

是枝　但他本人应该也很清楚吧？

树木　后来过了很久，直到《家族游戏》[97]那会儿才有了变化。

是枝　小健呢？

树木　总觉得他有点可惜。

是枝　他本是我们这一代最崇拜的人。

树木　《前略母亲大人》[98]什么的，演得多有魅力啊。

是枝　很性感。我看了几十遍，特别喜欢。

树木　《伤痕累累的天使》[99]也很有魅力啊。太可惜了。

是枝　我可以再问问文学座的分裂骚动吗？1963年，文学座的二十九名中层和年轻团员退出剧团，以芥川比吕志老师为中心组成了"剧团云"[100]。但您留在了文学座。

树木　嗯。桥爪（功）、山崎（努）老师、加藤治子老师、岸田今日子[101]老师……这些响当当的人物都去了"云"那边，说自己"可没打算在只剩老太婆和见习生的剧团待下去"。我没那种心思，就留下来了。不过留下来的里面又冒出了想做点新的事情的人，于是我又跟过去了。我这人没什么自己的主见啦。

是枝 那就是岸田森[102]老师创办的六月剧场吧？当时您跟他还是夫妻。

树木 ……我是想好好说的，可我家老爷子……

是枝 他不乐意您说呀？（笑）

树木 他说："那种事情，谁知道啊！"我说："哎，怎么会呢，那是历史啊。"他却嚷嚷："我可不认！"那他自己呢（笑）。

是枝 岸田老师是位非常知性的演员呢。

树木 ……我总觉得，如果他没有遇见我，现在大概还活着。就因为他喝起了自己喝不了的酒，整个人都变得不对劲了。我大概也是让他折寿的原因之一吧。

是枝 为什么啊？

树木 跟我离婚的骚动什么的，各方面因素都有吧。如果我是他的母亲，肯定会愤怒到杀我千百遍都不解气。虽然并没有真的发生过什么，可她一定会觉得自己的儿子可怜，怎么就遇上了我这样的家伙呢。我既觉得那也是没有办法的事情，都是缘分啊，事到如今又深感惭愧。

松田优作在十六岁的时候成了六月剧场的见习生，后来在母亲的安排下去了美国的高中，回国后又进了文学座。我心想："呀，这孩子还挺努力的。"就在那时，有人请我客串《侦探物语》[103]，我就说："好，我去。"对松田优作来说，在六月剧场结识的岸田森、草野大悟[104]还有我，都是他在演员生涯起跑线上遇到的人啊……

是枝　他非常重视您几位呢。

树木　嗯。有一次啊，内田裕也跟岸田森差点在原田芳雄老师家撞上。听说优作和大伙想尽了办法，不让他俩碰面。内田一去上厕所，大家就跟着他去（笑）。

是枝　（笑）

树木　好像是有过这样的小插曲。也不知道我们俩是谁先走，要是裕也先走一步，我也是打算把这些事好好说出来的。

有一次，岸田森的书要出版了，有人打算采访我。我当然同意了，可裕也知道了以后特别生气。我都不知道他发那么大火是为了什么……不过他这人啊，基本上还是很开朗的。自己的事情总是高高挂起，看我不顺眼的地方就发火（笑）。

还有过这么一件事。他跟某个女演员同居的时候，半夜突然打电话给我。我不知道他们同居了，但他们在交往的事情已经曝光了。他张口就说，“那家伙居然出轨了！”（笑）。他还说：“对象是××××！我刚打电话去他家里抗议了！”我问：“他在家啊？”他回答：“不，他不在，老婆接的。”老婆也是女演员哦。“那家伙（老婆）可真奇怪！说什么‘这事跟我没关系’！”后来内田还把对方叫了出来，狠狠威胁了一番，最后都搞到人家夫妻离婚了。他自己也跟他出轨的那个女演员分手了……我就想，他知不知道到底在给谁打电话啊？简直太不讲道理了。

是枝　的确不讲道理呢（笑）。不过以前有人问过您："下辈子还会跟内田老师结婚吗？"而您回答，"我再也不想遇见他了，因为一旦遇到，我就会再一次喜欢上他的"，对吧？

树木　谁说的啊，那种话？

是枝　您说的呀（笑）。

树木　那就是我随口瞎说的吧。现在就……毕竟啊，人还是会变的。不过我唯一确定的是，有内田裕也这样的人做丈夫就跟有了压舱石一样。

是枝　压舱石？

树木　嗯，我的压舱石。要是没有他，我肯定会变成一个更加肆无忌惮，更加教人头疼的人。我也对他本人说过"多亏有你在"，结果他说："呀，是吗。那你挺幸福的喽。"我说："嗯，我是很幸福啊。你呢？"他说："我也很幸福啊。"（笑）

之前提到的箭内道彦先生的免费杂志《风与摇滚》还介绍过这么一件事。内田裕也老师一看到新建好的房子就发火了：

"为什么我的房间没有浴缸？！"

希林老师的回答特别精彩：

"搞摇滚的难道不该淋浴吗？"

裕也老师却不服气：

"搞摇滚的也有想泡澡的时候啊！"

"不行，搞摇滚的哪能泡在浴缸里呢。"

聊起这些事时，希林老师会像回忆森繁老师那样，模仿当事人的语音语调，一人分饰两角，再现夫妻之间的对话。

听说希林老师在获奖后的采访中表示“我不接受任何祝贺的花”，裕也老师便说：

“你那么说，开花店的多可怜啊。花店也要做生意的啊，你闭嘴就是了。”

“在那种方面啊，他更有常识。”希林老师补充道。

遇到在访谈中也有所提及的和岸田森老师有关的问题，希林老师便会一反常态地含糊其辞：

“唯独这个我实在是……”

“内田不乐意呀，听我谈遇到他之前的事情……”

说这句话的时候，希林老师的表情多了几分陶醉，还有少女般的羞涩，看得我都有些难为情了。

原书注释

[1] —— **锅屋横丁**
位于东京都中野区本町中央的南北走向商店街。在江户时代是通往妙法寺（现位于杉并区堀之内）的参道，十分繁荣。位于街角处的歇脚茶屋“锅屋”生意尤其红火，因此得名。

[2] —— **人世坐**
曾经坐落在东京都丰岛区池袋站东口附近的电影院。1948 年，作家三角宽在仍是一片焦土的池袋建设了这座电影院。其名出自三角的信条“坐守人世”。作为专门放映老电影的影院确立了地位，但在 1968 年闭馆。

[3] —— **avant-garde**
意为“前卫”，主要指代在艺术、文化、政治领域的实验性、创新性作品与人物。

[4] —— **《卡门归乡》**
木下惠介导演的电影，1951 年上映。作为首部国产“全彩色长片”引起了轰动。主演高峰秀子演唱了同名主题歌。

[5] —— **今井正**
电影导演。1912 年生于东京。从东京帝国大学辍学后进入东宝的前身 J. O. 工作室。1939 年凭《沼津兵学校》作为导演出道。1949 年推出《青色山峦》，反响热烈。之后从东宝离职，成为自由导演。1957 年上映的《纯爱物语》获柏林国际电影节银熊奖（导演奖），1963 年上映的《武士道残酷物语》获柏林国际电影节金熊奖（最高奖项）。代表作有《来日再相逢》《姬百合之塔》《暗无天日》《阿菊与阿勇》《无桥的河流》等。1991 年去世。

[6] —— **《不，我们要活下去！》**
今井正导演的电影，1951 年上映。明显受诸如维托里奥·德西卡导演的《偷自行车的人》等新现实主义作品很大影响。

[7] —— **高峰秀子**
演员、散文家。1924 年生于北海道。参演 1929 年上映的《妈妈》，作为天才童星活跃于大银幕。为 1949 年上映的《银座康康舞女郎》演唱的主题歌大卖四十二万张。翌年成为自由演员。参演了木下惠介、成濑巳喜男、小津安二郎等大师级导演的大量名作。代表作有《缀方教室》《马》《细雪》《二十四只眼睛》《浮云》《几度风雨几度秋》《放浪记》等。1979 年息影，以散文家身份活

动。2010 年去世。

[8] ——《孤苦盲女阿玲》

根据水上勉的同名小说改编的电影，由筱田正浩执导。1977 年上映。岩下志麻主演。

[9] —— 耳濡目染（門前の小僧）

出自日语俗语“門前の小僧習わぬ経を読む”，即耳朵经常听到，眼睛经常看到，便会不知不觉学到。

[10] —— 中谷襄水

萨摩琵琶演奏家。1978 年就任萨摩琵琶锦心流第六任会长。1989 年去世。树木的妹妹昌子以荒井姿水之名继承了父亲的衣钵，其子荒井靖水也是琵琶演奏家。

[11] —— 查理·卓别林

演员、电影导演、喜剧人。1889 年生于英国伦敦。1906 年进入弗雷德·卡尔诺剧团，不久成为头牌青年演员。后进入美国启斯东电影公司。1914 年，凭《谋生之路》作为电影演员出道。卓别林饰演骗子，问题百出的滑稽情节广受观众喜爱。1952 年受麦卡锡主义迫害，不得不离开美国，晚年定居瑞士。1972 年获奥斯卡终身成就奖，时隔二十年再次前往美国。代表作有《寻子遇仙记》《巴黎一妇人》《淘金记》《马戏团》《城市之光》《摩登时代》《大独裁者》《凡尔杜先生》《舞台春秋》等。1977 年去世。

[12] —— 俳优座

1944 年由小泽荣太郎、千田是也、东野英治郎、东山千荣子等人创办的剧团。与文学座、剧团民艺同为日本最具代表性的新剧剧团之一。

[13] —— 剧团民艺

前身是由东京艺术剧场的泷泽修牵头，新协剧团的宇野重吉、北林谷荣参与创办的民众艺术剧场，1950 年成立。

[14] ——《屋顶上的小提琴手》

根据肖洛姆·阿莱赫姆的短篇小说《送奶工特维》改编的美国音乐剧，1964 年首演。1967 年在日本东京帝国剧场首演。直到 1986 年，森繁久弥饰演主角特维多达九百余次。

[15] —— 长田弘

诗人、儿童文学作家。1939 年生于福岛县。1960 年，就读于早稻田大学第一文学部时，创办诗歌杂志《鸟》。1965 年推出首部诗集《我们新鲜的旅人》。面向儿童的散文诗集《深呼吸的必要》人气经久不衰。也执笔评论、散文等。代表作有《我的二十世纪书店》《心中的疑问》《如何制造记忆》《森林的绘本》《幸运的读书人》《美丽的世界》《奇迹-Miracle-》等。2015年去世。对谈集《提问的力量》收录了长田弘与是枝的对谈。

[16] —— **萩本钦一**
喜剧人、电视艺人。1941年生于东京。从驹迂高中毕业后加入东洋剧场。后调往同系统的浅草法兰西座，通过脱衣舞的幕间小品磨炼技艺，结识了剧场专属喜剧人安藤Roll（日后的坂上二郎）。1966年，两人组成"小品55号"。因富士电视台的公开直播节目《午间黄金秀》人气爆棚，小品55号就此成为众多节目的常规班底。1971年成为《明星诞生！》的首任主持人，开始单人活动。翌年，电台节目《阿钦做做看！！》开播。1975年，公开录制的电视节目《阿钦做做看！》开播。代表作有《全明星家族对抗歌会》《阿钦！好孩子坏孩子普通孩子》《阿钦要做到哪个分上！？》《阿钦的周刊钦曜日》《猜猜看》等。

[17] —— **且玩焉，生于世**
出自平安时代末期编撰的歌谣集《梁尘秘抄》中收录的儿歌："遊びをせんとや生まれけむ（且玩焉，生于世）戯れせんとや生まれけん（且戏焉，生于世）遊ぶ子供の声きけば（且听玩童之声）我が身さへこそ動がるれ（或然此身，亦动乎）"。意为"生来是为了玩乐，还是为了游戏？听到天真玩耍的孩童的声音，连我这个大人的身体仿佛都要自然而然随之舞动了"。久世光彦在《ALL读物》上连载过题为《且玩焉，生于世》的散文，同名遗稿集于2009年出版。

[18] —— **川崎徹**
广告导演。1948年生于东京都。从早稻田大学政治经济学部毕业后进入电通映画社。拍摄了大量热门广告，催生出许多流行语，如金鸟的"トンデレラ、シンデレラ（飞着飞着就死啦）""ハエハエカカカ　キンチョール（苍蝇苍蝇蚊蚊蚊 金鸟杀虫喷雾）"，富士胶片的"恰如其分"，三得利的"生樽"等。在八十年代与糸井重里、仲畑贵志一同掀起广告热潮。出版大量著作，包括小说《浸猫水的青蛙》等。

[19] —— **研直子**

歌手、喜剧人。1953年生于静冈县。1971年推出首支单曲《大都会的流浪女》，作为东宝唱片的第一位歌手出道。1976年推出的《再会》热卖，获日本唱片大奖歌唱奖。代表作有《海鸥是海鸥》《绝望的夏天》《让我哭泣》等。除了开展音乐活动，还参演大量广告与综艺节目。

[20] —— **《大遗言书》**

2003年由新潮社出版，为系列第一册。

[21] —— **《在梦中相会吧》**

1961年至1966年于NHK播出的综艺节目。每期设有不同的主题，根据主题表演小品，其间穿插舞蹈、爵士乐演奏、外国歌曲演唱等环节。《昂首向前走》《我想去远方》《你好啊！小宝贝》等众多热门金曲都诞生于这档节目。

[22] —— **田中角荣**

政要。1918年生于新潟县。1972年至1974年担任第六十四、六十五任首相。1993年去世。

[23] —— **口舌之祸**

同第二章注15。

[24] —— **鸭下信一**

电视与戏剧导演、电视制片人。1935年生于东京。从东京大学文学部毕业后进入东京电台。导演了《岸边相册》《长不齐的苹果们》。代表作有《女人的家》《回忆制造》《妻子们的鹿鸣馆》《高校教师》《说老婆坏话》《理想上司》等。后进军戏剧界，导演了由白石加代子主演的“百物语”系列等剧目。

[25] —— **《小早川家之秋》**

小津安二郎导演的电影，1961年上映。本片是小津受东宝之邀导演的唯一一部作品，森繁久弥、小林桂树、藤木悠、山茶花究、新珠三千代、团令子等当时因“社长”系列走红的东宝专属个性派演员出演。小津并不喜欢森繁、山茶花等擅长临场发挥的演员。据说两人向小津抱怨导演安排时，被这样怒吼道：“不需要轻喜剧的表演！”

[26] —— **The Spiders**

1961年由田边昭知牵头组织的群声乐队。代表作有《夕阳在哭泣》《总觉得总觉得》《那时你还年轻》等。以堺正章、井上顺、釜范弘为中心展开的风趣对话也博得了人气。

[27] —— **奥特曼**

登场于《时间到啦》第三季。堺正章饰演的“小健”走投无路，大喊一声“对了！叫奥特曼来吧！”，奥特曼果真从天而降。这个荒诞滑稽的段子成为节目的一大亮点。

[28] —— **梶芽衣子**

演员、歌手。1947年生于东京都。1965年以电影《悲哀的离别之歌》演员出道。代表作有《日本残侠传》、“野良猫洛克”系列、“女囚蝎子”系列、“修罗雪姬”系列、《无仁义之战：广岛死斗篇》《大地摇篮曲》《曾根崎心中》等。起初拒绝饰演《寺内贯太郎一家》的长女，表示“刚演完‘女囚蝎子’系列这种阴暗的作品，没有勇气接家庭片”，但导演久世光彦劝道：“那个女儿的角色并不需要明亮的太阳，没点阴暗的感觉还不行啊（因为父亲弄掉了石块，她的腿脚无法自由活动）。”最终被说服。

[29] —— **西城秀树**

歌手、演员。1955年生于广岛县。1972年推出首张单曲《恋爱的季节》。代表作众多，有《热情的风暴》《爱的十字架》《伤痕累累的罗拉》、*YOUNG MAN(Y.M.C.A.)*、*Gyarandou* 等。1974年出演《寺内贯太郎一家》的长子。与小林亚星饰演的父亲扭打的场景已成经典（导演久世光彦命令他“给我动真格！”）。某次他被推下走廊，因此手臂骨折，两天后打着石膏来到片场。久世拍下了这样的他，于是成了“跌落后院的长子一爬上来，不知为何手上就多了石膏”，十分荒唐。2018年去世。

[30] —— **浅田美代子**

演员、电视艺人。1956年生于东京都。上高二时被星探发掘，后参加《时间到啦》第三季海选，在两万五千人中脱颖而出，以“帮佣美代”一角出道。仰望星空吟唱的《红气球》在一年时间里热卖近五十万张。1977年与吉田拓郎结婚，退出演艺界，专注家庭。1983年离婚复出。代表作有电视剧《寺内贯太郎一家》，电影“钓鱼迷日记”系列等。2019年主演树木企划的第一部也是最后一部电影《38岁的伊丽卡》，时隔四十五年再次担任主演。

[31] —— **伊东四朗**

演员、喜剧人、电视艺人。1937年生于东京。加入了喜剧演员石井均的剧团。1961年与三波伸介、户冢睦夫组成“懒惰三人组”（翌年改名为“天福三人组”)。1975年后因《正当看！正当吃！正当笑！》中的父子小品和电线小调走红。1977年参演电视剧《穆》，饰演渡边美佐子的丈夫，广受欢迎。1983年参演NHK晨间剧《阿信》，饰演父亲一角。此后主要以演员身份活跃。代表作众多，有电视剧“十津川警部”系列、《钱形平次》，电影《女税务官》《民暴之女》，综艺节目《伊东家的餐桌》等。

[32] —— **乡裕美**
歌手、演员。1955年生于福冈县。1971年加入杰尼斯事务所。1972年以NHK大河剧《新平家物语》作为演员出道。同年推出的出道单曲《男孩女孩》获日本唱片大奖新人奖。1977年参演电视剧《穆》。翌年为《穆一族》演唱的插曲《苹果杀人事件》成为他首次拿下*The Best Ten*第一名的作品。代表作有《请多关照，哀愁》《新娘桑巴》《哀愁的卡萨布兰卡》《2亿4千万的眼睛》《说不出口》《迫不及待想见你》等。

[33] —— **天地真理**
歌手。1951年生于埼玉县。1971年参加《时间到啦》第二季试镜，竞争澡堂员工一角，但在最终评审中落选。主演森光子向导演久世光彦提议，让她作为新角色登场。由此得以饰演非常崇拜“小健”(堺正章饰)的“隔壁家的麻里”，受到瞩目。同年推出个人首张单曲《水色之恋》。代表作有《你不是一个人》《跨越彩虹》《嫩叶的低语》《恋与海与T恤》等。

[34] —— **岸本加世子**
演员。1960年生于静冈县。1976年被星探发掘，加入艺映。1977年以电视剧《穆》出道，成为风靡一时的偶像艺人。代表作有电视剧《午夜英雄》《主播也疯狂》《我最喜欢你!!》，电影《花火》《菊次郎的夏天》等。

[35] —— **《苹果杀人事件》**
乡裕美的第二十七张单曲，1978年发行。继《鬼怪摇滚》之后再次与树木推出对唱曲。在*The Best Ten*四周蝉联首位。第三周播出时，两人在树木的提议下，穿着和主持人久米宏、黑柳彻子一样的服装登场。

[36] —— **《八点！全员集合》**
1969年至1985年于TBS系统播出的综艺节目。主要内容包括The Drifters的小品、嘉宾演唱的歌曲、

含体操与合唱团表演的小品等，基本采用公开直播的形式。导演久世光彦为了在电视剧中加入喜剧元素，主动联系这档超人气综艺节目，先后多次担任小品环节的导演。

[37] —— **福山雅治**
创作型歌手、演员。1969年生于长崎县。1993年出演电视剧《同一屋檐下》，红遍全国。参演的电视剧有《龙马传》、“神探伽利略”系列等。在是枝作品《如父如子》《第三度嫌疑人》中担任主演。

[38] —— **吉田拓郎**
创作型歌手、作曲家。1946年生于鹿儿岛县。1971年推出的《我们结婚吧》大卖四十万张。代表作众多，有《途中客舍》《紧咬嘴唇》《暑假》《落阳》《外面是白雪之夜》等。为其他歌手创作大量歌曲，有森进一的《襟裳岬》、釜萢弘的《我的好友啊》、森山良子的《歌唱吧，夕阳之歌》、Candies的《温柔的恶魔》、石野真子的《狼有什么好怕的》等。1977年与浅田美代子结婚，1983年离婚。

[39] —— **《颠倒》**
2002年由文艺春秋出版的幻想系列短篇集。

[40] —— **埃及**
《穆一族》的第二十六、二十七集在埃及取景。

[41] —— **《老师的提包》**
根据川上弘美的同名小说改编的电视剧，为WO-WOW“电视剧W”的第一部作品。2003年2月16日播出，获第四十届银河奖选奖、文化厅艺术节优秀奖等各类奖项。2004年首次在无线电视（通过富士电视台）播出。

[42] —— **柄本明**
演员。1948年生于东京都。与妻子角替和枝育有柄本佑、柄本时生二子，儿媳是安藤樱。1974年退出“自由剧场”，与柳原晴郎、绫田俊树创立“剧团东京干电池”。凭借其独特的容貌与存在感塑造了从严肃到滑稽的各种角色。参演的是枝作品有《幻之光》《小偷家族》。

[43] —— **小泉今日子**
演员、歌手。1966年生于神奈川县。1982年推出首张单曲《我的16岁》。演唱了《沙滩上的摩登人鱼》《大和抚子七变化》《因为是偶像》等热门

歌曲。主演电视剧《甜甜小公主》也引起热议。电影代表作有《生徒诸君！》《风花》《空中庭园》《咕咕是一只猫》《东京奏鸣曲》《每日妈妈》《食女》等。

[44] —— **桃井薰**
演员。1951 年生于东京都。1975 年出演仓本聪编剧的电视剧《前略母亲大人》，通过饰演“海”一角走红。代表作有《幸福的黄手帕》《不再托腮遐思》《东京夜曲》《艺伎回忆录》《两人的旅途》等。

[45] —— **小林薰**
演员。1951 年生于京都府。曾加入唐十郎主导的“状况剧场”，之后作为实力派演员活跃在各种影视剧中。代表作有电视剧《新鲜的家伙》《讨厌的家伙们》《山丘上的向日葵》《深夜食堂》《康乃馨》等，电影《其后》《冲绳草莽英雄》《秘密》《夏之终结》等。

[46] —— **西川美和**
电影导演、小说家。1974 年生于广岛县。从早稻田大学第一文学部毕业后，以自由工作人员的身份参与制作是枝电影《下一站，天国》。2002 年凭个人原创剧本的黑色喜剧《蛇草莓》作为导演出道，获国内众多电影新人奖。代表作有《摇摆》《亲爱的医生》《卖梦的两人》《永远的托词》等。小说《昨日的神灵》入围直木奖，《永远的托词》入围山本周五郎奖与直木奖。

[47] —— **《冬季运动会》**
1977 年于 TBS 的“木下惠介·人间之歌系列”剧场播出。参演者有木村功、石田步、根津甚八、加藤治子等。1985 年新潮文库出版了《冬季运动会》剧本集。

[48] —— **《向田邦子的情书》**
2004 年 1 月 2 日于 TBS 播出的电视剧，作为“电视开播五十年：电视剧特别企划”节目。原作为向田邦子的妹妹和子根据其生前留下的书信撰写的同名散文。参演者有山口智子、岸部一德、藤村志保等。

[49] —— **山口智子**
演员。1964 年生于枥木县。1986 年作为东丽宣传大使在演艺界出道。1988 年主演 NHK 晨间剧《小纯的应援歌》。代表作有电视剧《谁都不爱》《29 岁的圣诞节》《悠长假期》《向田邦子的情书》《侦探物语》《监察医朝颜》等。在是枝作品《回我

的家》中饰演主角良多（阿部宽饰）的妻子。

[50] —— **恋人**

向田邦子曾与比她大十三岁的摄影师交往，但因为对方是有妇之夫，她在二十五岁后一度主动与其保持距离。之后两人再次开始交往。眼看恋人的生活每况愈下，向田在心理与经济层面全力支持，但对方最终自尽身亡。

[51] —— **斋藤史**

歌人。1909 年生于东京。十七岁时接受若山牧水的建议，开始创作和歌。1931 年，与前川佐美雄等人创办《短歌作品》杂志。1936 年，二二六事件爆发，通过父亲结识的众多青年将校因此被判死刑，这段经历成了她日后的文学主题。1940 年发表首部歌集《鱼歌》。1993 年成为第一名跻身日本艺术院会员的女性歌人。1997 年凭借《斋藤史全歌集》获第二十届当代短歌大奖，翌年获紫式部文学奖。2002 年去世。

[52] —— **《直红》**

1976 年由不识书院出版。获第十一届迢空奖（短歌界最具权威性的奖项）。

[53] —— **箭内道彦**

创作人。1964 年生于福岛县。1990 年从东京艺术大学毕业后入职博报堂，后创办《风与摇滚》。主要作品有 Tower Records 的“NO MUSIC, NO LIFE”宣传活动、Recruit 的“Zexy”、三得利的“微醺”、格力高的“Bisco”等。为家乡福岛的复兴不懈努力。目前还担任东京艺术大学美术学部设计科教授。

[54] —— **《月刊风与摇滚》**

2005 年 4 月至 2013 年 9 月发行的免费月刊。在全国各地的 Tower Records 门店均能获取。2013 年 4 月的特辑为“树木希林”，9 月的特辑为“福山雅治 & 利利·弗兰克 & 是枝裕和”。2013 年后改为不定期发行。

[55] —— **《陛下》**

1996 年由新潮社出版。

[56] —— **二二六事件**

1936 年 2 月 26 日至 29 日，受皇道派影响的陆军青年将校率领一千四百八十三名下级士兵发动政变，以失败告终。

[57] —— **小林龙雄**

编剧、评论家。1952 年生于东京都。

毕业于早稻田大学。1978年凭借剧本《温柔地唱》获城户奖二等奖，翌年由藤田敏八导演将其拍成电影。主要剧作有电影《拥抱》《不再托腮遐思》等，电视剧《爱子十六岁》《男人的居所》等。著有《向田邦子的所有电视剧：围绕谜题的12章》《向田邦子：恋情的全部》等。

[58] ——《**久世光彦vs.向田邦子**》
2009年由朝日新闻出版发行。

[59] —— **坂东玉三郎**
歌舞伎演员、电影与戏剧导演。1950年生于东京都。1957年首次登台，饰演《菅原传授手习鉴·寺子屋》的小太郎。1964年成为第十四代勘弥的艺养子，作为第五代继承“坂东玉三郎”之名。塑造了《鸣神》的云绝间姬、《义经千本樱》的静御前、《助六由缘江户樱》的扬卷等广受欢迎的角色。1984年受邀参加纽约大都会歌剧院一百周年纪念公演。1991年推出首部个人执导电影《外科室》。2012年被认定为重要无形文化财产持有者（人间国宝）。

[60] ——《**梦之女**》
根据永井荷风的同名小说改编的电影，由坂东玉三郎执导。1993年上映。

[61] —— **筱山纪信**
摄影家。1940年生于东京。1961年就读日本大学艺术学部写真学科期间入职LIGHT PUBLICITY，获APA奖等各种奖项。主要写真集有《女形·玉三郎》《家》《晴天》《激写：135名女性朋友》《百惠》《Santa Fe》《TOKYO未来世纪》《完全保存版：The歌舞伎座》等。跟拍第五代坂东玉三郎三十余年。

[62] ——《**流浪者之歌**》
铃木清顺导演的电影，1980年上映。

[63] —— **夜树社**
树木希林的个人事务所。大楠道代、岸部一德曾是该事务所旗下艺人。岸部经久世光彦介绍加入，“一德”是树木为他取的艺名。

[64] —— **大楠道代**
演员。1946年生于天津。1964年被日活的星探发掘，以吉永小百合主演的电影《风、树与天空》出道。1967年在《痴人之爱》中饰演“直美”一角，成为演技派演员。在“恶名”系列、“兵痞”系列中与胜新太郎演对手戏。代表作有《处

女看见了》《金环蚀》《流浪者之歌》《阳炎座》《铁拳》《梦二》《颜》《空中庭园》《大鹿村骚动记》等。

[65] —— **田中阳造**

编剧。1939年生于东京。从早稻田大学毕业后进入日活，加入以铃木清顺导演为中心的剧本团队“具流八郎”。日活浪漫情色全盛期的中坚力量之一。代表作有《杀手烙印》《花与蛇》《啊！！花之应援团》《地狱》《流浪者之歌》《水手服与机关枪》《上海浮生记》《雪之断章》《东京布鲁斯》《梦二》《居酒屋幽灵》《夏日的庭院》《维荣的妻子：樱桃与蒲公英》《最后的忠臣藏》等。

[66] —— **金嬉老事件**

1968年2月，在日朝鲜人金嬉老在射杀暴力团成员后据守寸又峡温泉的旅馆，挟持住客为人质，告发种族歧视。金嬉老被捕，判处无期徒刑。1999年被假释后，前往韩国。

[67] —— **《金的战争：来复魔杀人事件》**

富士电视台“实录犯罪史系列”第一部，1991年播出。原作为本田靖春的《私战》，早坂晓负责剧本。

[68] —— **北野武**

搞笑艺人、演员、电影导演。1947年生于东京都。1983年在大岛渚导演的电影《战场上的快乐圣诞》中出色饰演粗暴的军官。主演电影有《血与骨》《当女人沉睡时》。常在电视剧中饰演真实存在的人物，包括大久保清、山口组第三代组长、东条英机、立川谈志等。

[69] —— **榎本健一**

演员、歌手、喜剧人。1904年生于东京。1919年在浅草金龙馆首次登台。与爵士歌手二村定一创立 Pierre Brillant（后来的榎健座），广受欢迎。有声电影《榎健青春醉虎传》大热，人称“日本的喜剧之王”。代表作有《榎健的眼花缭乱时代》《歌唱的榎健捕物帖》《榎健·笠置的阿染久松》等。开设电影戏剧研究所，致力于培养后辈人才。1970年去世。

[70] —— **加藤道夫**

剧作家。1918年生于福冈县。演员加藤治子的丈夫。就读庆应义塾大学时与芥川比吕志等人创办新戏剧研究会，开始创作戏剧、翻译戏曲。1944年完成代表作《若竹》。1949年起，身为文学座座员的同时担任庆应义塾大学讲师。专注翻译加缪、缪塞等人的作品，进行让·吉罗杜研究与戏剧研究。1953年自尽身亡，年仅三十五岁。

[71] ——**三岛由纪夫**
小说家、剧作家。1925年生于东京。1941年就读于学习院中等科五年级时完成小说《鲜花盛开的森林》，于《文艺文化》连载。代表作有小说《假面的告白》《爱的渴望》《潮骚》《金阁寺》《镜子之家》《午后曳航》《丰饶之海》，戏剧《近代能乐集》《鹿鸣馆》《萨德侯爵夫人》等。晚年创办民兵组织“盾会”。1970年11月25日于自卫队市谷驻屯地发表鼓励政变的演讲，之后切腹自尽。享年四十五岁。

[72] ——**山崎努**
演员。1936年生于千叶县。1960年参演电影《大学的山贼们》，首次亮相大银幕。1963年在黑泽明导演的《天国与地狱》中扮演绑架犯，一举成名。代表作有电影《红胡子》《影武者》《女税务官》《GO！大暴走》《超越巅峰》等，电视剧“必杀”系列等。

[73] ——**松田优作**
演员。1949年生于山口县。1972年成为文学座附属戏剧研究所第十二期生，为专注表演向大学递交退学申请。翌年凭“牛仔裤刑警”一角成为刑警剧《向太阳怒吼》的固定班底，并首次参演电影《狼的纹章》。代表作有电影《人证》《苏醒的金狼》《野兽之死》《阳炎座》《家族游戏》《侦探物语》《其后》《黑雨》等，电视剧《我们的勋章》《侦探物语》《热带夜》《华丽的踪迹》等。1989年去世，享年四十岁。

[74] ——**《时间到啦：昭和元年》**
1974年至1975年于TBS播出的电视剧（共二十六集）。演员阵容大变，故事的舞台也改成了东京汤岛的澡堂“龟乃汤”。树木希林在剧中饰演“龟乃汤”老板娘（森光子饰）的婆婆。

[75] ——**《一个女人》**
1992年由福武书店出版。

[76] ——**《天国的父亲，你好》**
1966年至1978年于TBS“东芝周日剧场”不定期播出的电视剧。描写了一名在丈夫去世后一边抚养两个孩子，一边做行商卖内衣的坚强女子。

[77] ——《**想念——空白很多的通讯录**》

1994 年由中央公论社出版。1998 年由该社推出文库本。

[78] ——《**父亲的道歉信**》

1978 年由文艺春秋出版。2005 年由该社推出新装文库本。

[79] ——《**诚子宙太郎——忍宿借夫妇巷谈**》

1977 年至 1978 年于 TBS 播出的电视剧。讲述公司破产后，来到东京神田的殡仪馆做住家帮工的宙太郎（小林桂树饰）和诚子（森光子饰）的故事。

[80] ——《**寅次郎的故事：疯疯癫癫的阿寅**》

森崎东导演的电影，1970 年上映。导演该系列前两部作品的山田洋次在本作中仅负责剧本，从第五部开始回归导演的身份。

[81] —— **森崎东**

编剧、电影导演。1927 年生于长崎县。从京都大学法学部毕业后，于 1956 年进入松竹京都摄影所。1965 年转至松竹大船摄影所，担任山田洋次导演的副导演，同时负责剧本。1969 年凭《喜剧：女靠胸襟》作为导演出道。执导的主要作品有《野良犬》《时代屋的女房》《撞了南墙也不回头》《美味大挑战》《去见小洋葱的母亲》等。兼任导演编剧的作品有《外景》《及时行乐死了拉倒党宣言》《光脚小鸡》等。

[82] ——《**有趣的夫妇**》

1966 年至 1967 年于富士电视台播出的电视剧（共二十六集）。设定源自 1963 年上映的电影《有趣的家伙》，该片描写天才落语家三游亭歌笑的悲喜一生。故事讲述一个什么都干不来的男人（渥美清饰）在妻子（中村玉绪饰）的爱意支持下成长为了不起的落语家。由于该剧人气极高，收视率突破 30%，电视台与山田洋次导演开始构思下一部作品的设定，即摊贩“车寅次郎”——“寅次郎的故事”系列就此诞生。

[83] —— **弗兰克·堺**

演员。1929 年生于鹿儿岛县。就读于庆应义塾大学法学部时已是活跃在驻日美军营地的爵士鼓手。1954 年组成“弗兰克·堺与 City Slickers”，后进入影坛。代表作有“丹下左膳”系列、《幕末太阳传》《我想成为贝壳》《摩斯拉》、“社长”系列、“站前”系列、

《写乐》等。1996 年去世。

[84] —— **高仓健**

演员。1931 年生于福冈县。1955 年作为 New Face 第二期生进入东映。翌年主演个人首部电影《电光流星空手打》。代表作有“日本侠客传”系列、“网走番外地”系列、“昭和残侠传”系列、《八甲田山》《幸福的黄手帕》《车站》《黑雨》《致亲爱的你》等。2014 年去世。

[85] —— **《从现在开始：海边的旅人们》**

1993 年于富士电视台播出的电视剧，刻画了每个人都会迎来的“衰老”。故事讲述男主角（高仓健饰）与妻子离了婚，在退休后住进了海边的养老院，想要在这个“最后的家”度过人生的最后一段时光，却难以和形形色色的入住者打成一片……

[86] —— **胜新太郎**

演员。1931 年生于东京。二十三岁时与大映京都摄影所签约。1954 年凭《花之白虎队》出道。1967 年设立胜制作公司，开始自主制作电影。代表作有《忠臣藏》、“恶名”系列、“座头市”系列、“兵痞”系列、《无法松的一生》《人斩》《迷走地图》《帝都物语》等。在电视剧、舞台剧领域也有活跃的表现。1997 年去世。

[87] —— **《续・酩酊博士》**

井上昭导演的电影，1966 年上映。剧本为新藤兼人根据自己的原作改编而成。故事的舞台是低级旅馆一条街，胜新太郎饰演的医生被卷入骚动，大闹一场。清川虹子饰演卖淫组织“SX 贸易商会”社长，树木是她的左膀右臂、立志成为小说家的处女。

[88] —— **《影武者》**

黑泽明导演的电影，1980 年上映。描写了战国时代的小毛贼被迫成为武田信玄影武者的悲喜剧。获戛纳国际电影节金棕榈奖（最高奖项），刷新了当时的日本电影票房纪录。主演原为胜新太郎，但他在开拍后与黑泽起了冲突，角色便由原计划主演《乱》（1985）的仲代达矢接替。

[89] —— **仲代达矢**

演员、无名塾主办者。1932 年生于东京。1952 年进入俳优座养成所。1956 年凭电影《火之鸟》出道。1975 年创办无名塾，开始培养新人。在俳优座与无名塾主演多部莎士比亚作品。代表作有电影《人间的条件》《野兽之死》《用心棒》《椿十三郎》《天国与地狱》《华丽家族》《金环蚀》《不毛地带》《影武者》《二百三高地》《鬼龙院花子的一生》《与春同行》《海边的李尔》等。

[90] ——**《座头市》**

胜新太郎兼任导演、编剧并主演的电影，1989 年上映。拍摄武打场景时发生伤亡事故，使制作一度陷入危机，但上映后影片大热。

[91] ——**樋口可南子**

演员。1958 年生于新潟县。二十岁时通过主演《Pola 电视小说：蟋蟀桥》出道。1980 年参演个人首部电影《戒严令之夜》。代表作有电影《卍》《困倦之眼》《阿弥陀堂讯息》《明日的记忆》等，电视剧《早春写生簿》《罗曼史》《冬季运动会》《阿吽》等。

[92] ——**田中邦卫**

演员。1932 年生于岐阜县。曾为俳优座座员。1957 年出演个人首部电影《纯爱物语》。1961 年在电影《大学的若大将》饰演若大将的对手，表现出色，成为“若大将”系列的固定班底。在 1981 年开播的《北国之恋》中饰演父亲，红遍全国。代表作有电影“网走番外地”系列、“无仁义之战”系列、《学校》《最后的忠臣藏》等。

[93] ——**《捕快阿沟》**

1981 年至 1983 年于富士电视台“时代剧特辑”播出（共六集）。改编自柴田炼三郎的时代小说（《柴炼捕物帖：捕快阿沟》等）。1991 年以连续剧的形式播出。树木扮演女扒手阿仙，曾被捕快阿沟（田中邦卫饰）抓到却又放走，就此爱上捕快，追着他到处跑。

[94] ——**六月剧场**

1966 年，退出文学座的岸田森、悠木千帆、草野大悟与导演津野海太郎、剧作家山元清多等人组成的剧团。据津野称，“六月剧场”的命名者是悠木千帆，原因是“排练一直以来就是从 6 月 6 日开始的”。顺便一提，6 月 6 日也是是枝的生日。

[95] ——**《再见了哥们儿》**

泽田幸弘导演的电影，1974 年上映，为松田优作首部主演作品。故事讲述服刑三年后出狱的猛夫（松田优作饰）与死党梅、雅、龙一起制定各种赚大钱的计划，然而……树木饰演猛夫的姐姐美津子。

[96] —— **萩原健一**
演员、歌手。1950年生于埼玉县。1967年作为The Tempters的主唱出道，推出单曲《不能忘记你》。之后推出《神啊拜托了》《绿宝石的传说》等热门金曲。1972年参演电影《约定》，以演员身份出道。同年在电视剧《向太阳怒吼》中饰演“意式通心粉刑警”，广受欢迎。代表作有电视剧《伤痕累累的天使》《前略母亲大人》《外科医生柊又三郎》等，电影《股旅》《青春之蹉跌》《八墓村》《影武者》《诱拐报道》《恋文》《居酒屋幽灵》等。2019年去世。

[97] —— **《家族游戏》**
根据本间洋平的同名小说改编的电影，由森田芳光执导，1983年上映。继《侦探物语》之后，主演松田优作在本片中也有精彩表现，评价一举跃升。

[98] —— **《前略母亲大人》**
1975年至1976年（共二十六集）、1976年至1977年（共二十四集）于日本电视台系统“周五剧场”播出的电视剧。草案出自仓本聪，故事的舞台设在东京的平民区深川，刻画了害羞的青年厨师（萩原健一饰）和他周围的人之间发生的种种。

[99] —— **《伤痕累累的天使》**
1974年至1975年于日本电视台系统播放的电视剧（共二十六集）。萩原健一与水谷丰参演。以在侦探事务所干活的两个年轻人为主角的罪案剧。

[100] —— **剧团云**
1963年，芥川比吕志及文学座约三十名中层和年轻团员退出剧团，与评论家福田恒存设立财团法人“当代戏剧协会”，剧团云为该协会旗下的剧团。1975年分裂解散，催生出戏剧团体圆、剧团昴。

[101] —— **岸田今日子**
演员、声优。1930年生于东京。父亲是剧作家、文学座创始人岸田国士，堂弟为演员岸田森。从自由学园毕业后成为文学座的见习生。1953年以电影《浊流》出道。1963年与芥川比吕志等人一起离开文学座，创办剧团云。1975年参与创立戏剧团体圆。代表作有电影《破戒》《砂之女》《犬神家族》等。2006年去世。

[102] —— **岸田森**
演员、剧作家、导演。1939年生于东京。1960年进入文学座附属戏剧

研究所。1964年与悠木千帆结婚（1968年离婚）。翌年升为文学座座员。1966年与悠木等人创办剧团“六月剧场”。1968年主演圆谷制作公司的特摄剧《怪奇大作战》。代表作有电影《诅咒之棺：吸血之眼》《歌磨》《黑蔷薇升天》《座头市与用心棒》等，电视剧《杰克奥特曼》《火焰超人》《伤痕累累的天使》《太阳战队太阳火神》等。1982年去世。

[103] ——**《侦探物语》**
1979年至1980年于日本电视台系统播放的电视剧（共二十七集）。讲述私立侦探工藤俊作调查各种案件的侦探剧，为主演松田优作的代表作。树木参演第九集“来自行星的少年”。

[104] ——**草野大悟**
演员。1939年生于台中。1961年进入文学座附属戏剧研究所。1966年升为文学座座员。1967年加入六月剧场。主要活跃在戏剧界，同时参演大量冈本喜八、新藤兼人导演的电影与胜制作公司的影视作品。1991年去世。

第六章

丢“老脸”

2018 年 3 月 30 日

于涩谷分福

AFP＝时事

在这次访谈开始前，希林老师对我说："你来一下。"她把我叫到另一个房间，拿出医生给的PET片子让我看。体现癌细胞转移的黑点遍布她全身的骨骼。之前定期接受的重离子线治疗也没能阻止癌细胞的骨转移。

"就是这么回事，所以我要安排身后事啦，这部电影果然成了我们的最后一次合作呀。"

据说医生告诉希林老师，她也许撑不到明年了。跟我解释完以后，她带着痛快的表情先一步走出房间。访谈顺利开始了，可我满脑子都是刚才看到的PET片子，直到稿件整理好，我都不记得自己问了什么，希林老师又是如何回答的。

"这是我最后一次演你的电影啦。"

只记得希林老师再次强调这一点的时候，我终于理解这已经是不得不接受的现实，却只能给出"没有没有"这种模棱两可的回答，不由得为自己的不争气而窝火。

除了关于《小偷家族》的问题，我原本还打算把话题拓宽一些，准备了其他方面的问题，好给长篇访谈画上圆满的句号。然而那时的希林老师已经吃不了一顿像样的饭了。她的声音毫无张力，与两个月前判若两人。我实在不忍心让她再说下去，就提前结束了访谈。

“还挺漂亮的嘛”和“真的谢谢”

树木 你是在神泉的拉面馆跟我讲了《小偷家族》的构想对吧？不过我当时好像就随口说了句“哦，你要拍这个？那我演吧”。我刚去了那家拉面馆呢。

是枝 是吗？其实我也挺喜欢那家店的。

树木 因为我孙子很喜欢。他们用的是熬出来的高汤，很考究，可不知道为什么，吃完以后却没有吃了拉面的满足感（笑）。

是枝 还真是，每次带年轻的工作人员去吃，大伙儿都会说好像没吃饱呢。

树木 是吧？我上了年纪，没什么食欲了，不过在必须垫垫肚子的时候去那儿倒是正好。这种类型的演员也挺多的呢。用倒是能用，可是用了以后没有满足感，总觉得缺了点什么。

是枝 （笑）原来如此，您是想这么切入正题啊。

今天想跟您聊聊《小偷家族》。您看过剧本之后，常会直截了当地问“为什么这个家里会有这样一个人？”或者“这个人不应该是这样的吧？”。于是我就会想：“啊，对哦！那这个人为什么会在这里呢？”然后便会去思考角色存在的必然性，再把思考的结果反映在剧本里。每次跟您合作都是这样，不过在这次的《小偷家族》里，这个过程所占比重尤其大。这次请您演的“初枝”一角当然也是从一开始就是照着您写的，但怎么说呢，初枝周围那些人物的形象是通过回答您那些率直的问题而逐渐构筑起来的。

所以最开始的剧本出来时，很多东西还是朦朦胧胧的。我们就在这样的状态下把夏天那场戏先拍了。

树木　对对，就是夏天全家去海边玩的那场戏吧。

是枝　那天您一到拍摄现场的集合地点，就对其他演员说：“这场拍归拍，不见得会保留哦。”（笑）听得我暗暗着急，心想“要是让参演的人以为我是个净拍不会保留的场景的导演，那可就太过意不去了”。我起初是打算至少先拍点实景。因为这部作品讲的是一整年的故事，我想表现出季节感，好不容易才说服了制作部。机会难得，就让孩子们在外景地走两步吧。走都走了，不如再拍拍全家一起去海边吧，于是就顺势拍了下去。所以那个时候，我自己其实也还没看见电影的全貌。

树木　我们几个演员也只知道我们不是普普通通的一家人，在一切都还很模糊的状态下你看看我，我看看你，在海边走了走。

是枝　但是多亏那次拍摄，我才看清了很多东西，并以此为核心搭建出前与后，所以从结果看，收获是非常多的。其中有一点让我尤其惊讶。那场海边的戏是我们为这部电影拍摄的第一场戏，

是枝裕和亲笔绘制的分镜

○58A

1

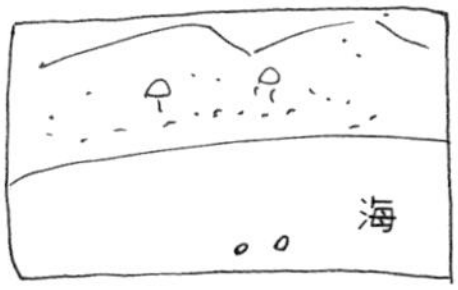

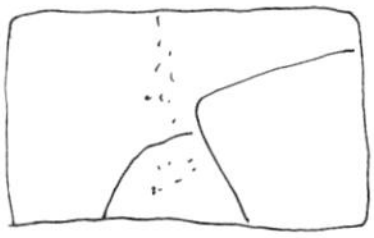

2

双人镜头
推

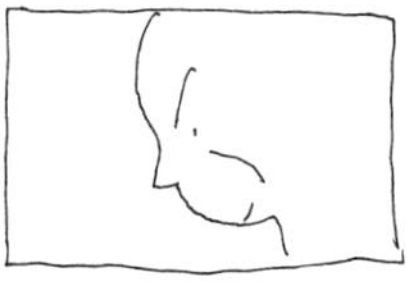

○58B

1

亚纪与
由里

○58C

1

2

刨冰

玉米

OUT

初枝与信代，构思二人交流

课题

○58D

1

治 祥 由 亚 信

海边。

海浪来了
大家一起跳起来

手拉手

却也是您在电影中出场的最后一场戏。

树木 对，没多久之后我就死了，所以那是我最后一场活着出场的戏。

是枝 实话告诉您吧，那天我看着您的样子就想，您是不是身体不太舒服？

树木 是啊。

是枝 还真是啊？

树木 嗯。身体不舒服，拍摄条件还特别糟糕（笑）。明明是夏天，却冷得要命，我还纳闷怎么会这么冷啊。大家都觉得冷呢。

是枝 但我们不是最先拍初枝临死前全家去海边玩水，到了冬天才按次序拍了那之前的戏吗？剪辑的时候，我把那些场景串起来一看，发现初枝起初还很精神，然后慢慢走向死亡，存在感逐渐减弱的过程都被您完美地呈现出来了。

树木 拍夏天那场戏的时候，我还没搞清楚状况，所以才没什么存在感啦。

是枝 是这么回事？（笑）

树木 总而言之就是我这人没什么自主性啦。（因为剧本还没敲定）不知道要做什么，于是就愣愣地待在那儿，既然镜头对着自己，那就随便说点什么吧，就这么简单。比如小樱（安藤樱[1]）就在我眼前，瞧她那张脸光溜溜的，我就随口说了句："这姑娘仔细一看，还挺漂亮的嘛。"

是枝 我今天就想先问问这个。我写的剧本里是没有那句台词的，但您突然来了那么一句。您为什么要那么说呢？

树木　因为我真的那么觉得啊。夏天的光线，配上光洁的皮肤，虽然身上的衣服破破烂烂，吃东西（玉米）的模样也一塌糊涂，可我就是想说说看，“真漂亮呀，仔细一看，你这姑娘长得还挺漂亮的嘛”。于是我就下意识地说了，结果小樱露出了不知该怎么回答的表情。我心想那样正好。

是枝　但看完这部电影之后，大家的确会觉得“安藤樱仔细看看好像还挺漂亮的”。

树木　我也这么觉得。

是枝　您的那句话仿佛预言了这一点。您为什么能说出那种台词呢？您说因为您真的那么觉得，可我总觉得没那么简单。

树木　没那么深奥啦。

是枝　是吗？（笑）不过多亏有那句台词，我往剧本里加了一些体现初枝关注别人相貌的内容，连“怎么把安藤樱拍得更美”这个导演的大方向都跟着定下来了。

树木　那就好。哎呀，我就是觉得她真的很漂亮而已啦。

是枝　我也不知道把那种感觉称为母性是不是合适，不过她饰演的没生过孩子的信代因为收养了一个女孩，连表情都温柔了不少呢。拍着拍着，我甚至觉得她整个人都散发出了神圣的光辉。而这一切的起点，都是您在夏天那场戏里说出的那句台词啊。

树木　说起“神圣”，我就想起了她跟饰演丈夫的利利先生拍的激情戏。天下起大雨，在外面玩的孩子们冲回家，问“你们在干什么呢？”。大人轻轻把毛巾盖在孩子头上，搪塞过去。我边看边想，能用这样的形式展现日常，大家可真厉害啊，这场戏可真棒呀。而且换做普通的电影，演员肯定会稍微遮一遮，摄影机那端也会有所顾虑，可他俩的心态都是“给工作人员看到没关系，只要不被摄影机拍到就行”，痛痛快快地脱了。你拍的时候也是一脸满不在乎的表情，我就想，原来你这人还挺不正经的呢（笑）。不过那场戏真的好棒呀，真的是从各种角度看都很神圣。

是枝　关于夏天那场戏，我还有一个问题要问您。那场戏的最后一个镜头也是饰演初枝的您在片中的最后一个镜头。画面中是您看着家人在海边嬉闹的侧脸，您自言自语了，对不对？但我在现场没弄清您说了什么。剪辑的时候也是怎么都没解读出来，跟负责剪辑的工作人员反反复复看了好多遍，这才明白您说的是“真的谢谢”。

树木　欸……真的？

是枝　您确确实实是那么说的。我顿时激动得浑身发颤，因为那句台词也是剧本里没有的。我本来就觉得那个侧脸非常棒，用这样的镜头收尾再好不过了，又添了一句“真的谢谢”。那是对没有血缘关系的家人说的呢。

树木　我说过那种话啊……不过嘛，待在夏天的海边，我的确产生了那样的感觉呢。也算是歪打正着吧，其实都是你足够信赖演员的结果，才那样拍了出来吧。虽然我并不是值得信赖的演员啦。参演你电影的人大概都是这么想的吧。

变成哪种色彩的颜料才能凸显画作之美

是枝 我还有个与此相关的问题。前些天，我看了《有熊谷守一在的地方》[2]。电影描写了画家熊谷守一[3]晚年生活的一天，山崎努老师饰演主人公，您饰演他的妻子秀子。那是部非常出色的作品，不过片中也有您即兴发挥，或者说是您构思的台词吧？

树木 不，说是即兴发挥，其实并不是真正的即兴发挥啦。我觉得当场第一次说出口才是真正的即兴发挥，只是如果把对面的演员搞蒙了，或是让人以为我无视导演，那就太过意不去了，于是我就养成了姑且先跟导演打个招呼的习惯。也就是说，一切都发生在设想的范围内，所以我个人觉得真正的即兴发挥的优点是奢求不来的，怎么说呢，变成了先想好再演的感觉，所以说实话吧，我是不太满意的。

是枝 有一场戏是您提起了死去的孩子，那句台词是剧本里没有的吧？

树木 的确没有，不过那场戏也挺难处理的呢。因为我觉得，特意提起死去的孩子是不是不太符合那个家里的气氛呢？

现实中的守一老师常说："我是个小气鬼，所以日子还长着呢。"不过电影里没这句话。我也活了那么大岁数，丈夫都九十多了却仍在说自己日子还长着，看着这样的丈夫，我就不禁想要说一句"我们家孩子死得那么早"试试看。虽然最后的效果有点模棱两可，好像注入了情感，又好像没有注入，但我心想："嘿，差不多行了。"我啊，一旦过去了就会通通接受（笑）。那句话没什么深奥的含义，却也不是随口说说的，我是想传达突然出声的感觉。

是枝　我觉得特别好。这部电影其实是在熊谷守一的住家与院子这样狭小的空间里呈现整个宇宙，从头到尾都是对日常的描写。从某种角度看，两夫妻共度的时光虽然称不上乌托邦，但也很幸福了。在这样的时光中，大家围着寿喜锅叽叽喳喳的喧闹过后，屋里忽地只剩守一和妻子两个人。就在这时，借助您那句台词，死亡的话题得以第一次也是唯一一次出现。之前看到的东西也因为那句话瞬间变样了呢。虽然非常随性，却有种打进了个楔子的感觉。

树木　这样啊……那就好。

是枝　为什么您会说出那样的台词呢？我觉得您是在读完剧本之后，把自己跟守一老师放进去一看，感觉缺了点什么，所以才那么说的。

树木　嗯，对。缺了点什么。

是枝　这才是您特别厉害的地方啊。一般的即兴发挥往往是当场突然想到的，所以我是不太喜欢的。

树木　导演的确不会给好评。

是枝　但无论是《有熊谷守一在的地方》，还是《小偷家族》里的"真的谢谢"，您抛出的台词和动作都相当具备导演视角，您会纵观整部作品，看看哪里缺了什么，思考自己要说句什么样的话才能补足。

树木　我倒是没有那么明确的意图。《小偷家族》里的“真的谢谢”只是反射般想到的话脱口而出了，并非基于“在那里说会更好”的判断。至于《有熊谷守一在的地方》，我是看完剧本之后就产生了一个念头：“找个地方突然插一句关于孩子的台词吧。”不用面对面感慨万千地说，趁着忙乱插入就行。说这是导演视角，倒显得我不自量力啦。

是枝　不不，我真心觉得那是导演的视角。

树木　不过我也许的确会审视全局。因为森繁老师深恶痛绝的新剧教会了我精读剧本的重要性呀（笑）。

是枝　要追溯到那么远啊。

树木　嗯，都是在文学座学的。谁都会看剧本，但是做演员的得好好想想，自己要变成哪种色彩的颜料才能凸显画作之美。如果导演的水平都很高也就罢了，遇到不那么厉害的导演时，就得在看剧本的时候斟酌自己的颜色该放在画布的哪个位置，包括如何最大限度地发挥自己的魅力也是需要我们去思考的。这些都是在文学座学到的牢记在心的东西。

至于我为什么没忘记这些，那是因为森繁老师是个完全不重视剧本的人。他压根没把新剧放在眼里啊（笑）。“什么泷泽修[4]、宇野重吉[5]啊。告诉你，我可是……”他总是说这些话，鄙视新剧。而我夹在中间，对两边的优缺点都有感触。演新剧的时候，的确不能在句尾加“的呀”“的呢”什么的，可要是太拘泥于这些无谓的东西，表演就变得无趣了呀。在演员工作刚起步的时候看到了这两种风格，对我来说是很有助益的。多亏这段经历，我才养成了从全局看作品的习惯。

说句题外话，前一阵子我上了NHK的一档节目，叫《人体：神秘的巨大网络》[6]，是山中伸弥[7]教授主持的。因为我经历过癌症，现在也得着癌，所以才被邀请了。录制的时候，大家聊到了“心脏是人体唯一不会生癌的部位”。心脏是一种逐渐坏死的器官，心脏的细胞是不会复活的。所以心脏一出问题，人就会死。可据说现在美国某个地方专家的研究有了突破，复活细胞、让心脏继续跳动的治疗方法有了很大的进展。于是我说：“那岂不是要轮到心脏生癌啦？”山中教授一听就说：“哟，您有科学家的眼光。”（笑）言外之意，科学家就是这么思考的。

这么说起来，我的确有从全局审视事物的习惯呢。我总会琢磨，站在这个角度看怎么样，换另一个角度看又会怎么样。这一边有人在笑，那一边也会有人在哭……我好像确实有这么看待问题的习性和癖好呢。我这人有很多刻薄的地方，刻薄的原因大概就在这儿吧。

“哇，好大的斑”

是枝　这次您还主动提议，说“想把假牙摘了”。

树木　总是自己那张脸出现在画面里，我都看腻啦。一拿掉假牙，整张脸就完全不一样了。

是枝　的确不一样了。

树木　演正经人家的老奶奶是不行的，但初枝是住在那种破房子里的老太婆嘛。

是枝　想把头发留长也是您主动提出的。您说老人留长头发看起来更邋遢。

树木　对对。

是枝　那个点子也特别好。感觉让那场戏变得鲜活了。

树木　你说的是我死了，亚纪（松冈茉优[8]饰）给我梳头发的那场戏吧。我也觉得那场戏特别好。不过要是能多拍到一点我的身体就更好了（笑）。观众不愿意看到死人的脸，所以没必要把脸拍进去，但可以多拍点身体嘛。我本想让她一边摸我的脸，一边梳头，不过光梳头也挺好的。也能看出那是死人的头发。

是枝　额头那块的确稍微拍到了一点。

树木　假牙啦，头发啦，我总会在这些无聊的细节上想到点什么。所以看整体气场的话，初枝应该跟《比海更深》里的母亲完全不一样。

是枝　至于到底哪里不一样，大概是您改变了一些小细节吧。吃东西的动作，坐在暖桌旁的姿势，双腿打开的角度……一个住那种破房子，以前大概也做过很多坏事的老婆婆在吃饭。您判断既然是这样一个人，那她的脚应该会摆成这样的角度，吃饭应该会

访谈时拍的照片。那是希林老师最后一次来到分福。

用这样的动作，于是才那么演。最开始有个镜头是初枝一边吃乌冬面，一边剪指甲。这位老婆婆突然出现在画面中的那个瞬间，我就能一眼看出，她所走过的七十多年跟《比海更深》里那个住在团地的老婆婆有很大差别。住在那个团地的也不是什么文雅的人，但毕竟是住公团住宅的人。

树木 跟你的母亲当然不一样啦（《比海更深》的剧本为是枝裕和根据亲身经历写成）。话说回来，我女儿第一遍看《小偷家族》预告片的时候跟我说："妈妈，没拍到你嘛。"过了一阵子，她大概又看了一遍，惊讶地说："里面还是有你，你把假牙摘了啊！？"站在她的角度考虑，她大概无法想象母亲会把自己丑陋的面孔暴露在世人眼前吧。其实这根本不是什么值得介意的事情。再说了，我这个当事人都完全不在乎呢。

是枝 说起吃东西的动作，民生委员大叔上门那场戏里，您正在吃橘子。您的吃法也让我吃了一惊。

树木 我是怎么吃的？

是枝 不撕掉外皮直接啃，就好像要把里面的果肉刮下来似的。我并没有给任何指示。

树木 哦，因为没牙嘛，就用牙龈去刮。我的确是那么吃的。

是枝 这种细节随处可见。您这次是特意演出了有点恶心人的感觉吧。

树木 倒不是恶心不恶心，跟没牙的人一起生活就是这样。你瞧，现在有很多人没跟祖父母一起生活过吧，所以我是想让他们看到人老了就会变成这样。说实话，作为演员，在镜头前展现自己的怪样、丑样是非常难为情的，但我好像有这种奇怪的使命感，又有点喜欢露丑，于是就变成那样了（笑）。

是枝　您说您喜欢露丑，但我觉得不是这么回事，您肯定是察觉到了我这一次想要呈现什么。我想强调鲜活的、肉体的元素，夫妻间的裸身激情戏也包括在内，所以我会有意识地思考该如何把这些嵌入影片。拍摄期间，饰演由里的佐佐木美雪[9]掉了牙，刚好和您的假牙呼应。于是我添加了由里掉牙的内容，而祥太（城桧吏[10]饰）晨勃的插曲是一开始就写了的。因为我以前没怎么描写过这种肉体元素，所以这一次想把它们穿插在家庭的故事中，在动笔写剧本的时候就有了这样的想法。我觉得您大概是充分理解了这层心思，在此基础上缜密思考了要如何在孩子们逐渐成长的同时，在肉体层面呈现老婆婆衰老的过程。

树木　嗯，我是想这么办的。

是枝　您说“能不能摘假牙？”的时候，我问：“跟亚纪去甜品店那场戏要怎么办？”您回答：“红豆汤还是能喝的。里面的年糕用嘬的就行了。”实际拍摄的时候，您吃年糕的动作也精彩极了。您肯定是在某个节点判断出这种肉体层面的存在感在这个故事里是必要的。

树木　嗯，在看到那栋房子的时候。

是枝　也就是说，您想表现出不输给那栋房子的顽强吧。橘子的吃法，还有剪指甲的动作和头发，正因为表现出了这些相当强劲的肉体元素，才会有您没输给房子的感觉。

树木 虽然没输，但会讨人厌吧。

是枝 拍初枝死后亚纪给她梳头那场戏时，您是不是有好几天没洗头了？

树木 嗯，确实没洗。

是枝 摸很久没洗的头发……

树木 很恶心。

是枝 而且还是死人的头发。即便是活人也够恶心的了。但亚纪一边摸头发一边哭，就有种不仅仅是悲伤难过的感觉了。后来尸体被大家埋进地里，但为了营造出她还在那儿的余韵，头发是必要的。那时我才意识到，原来如此，原来希林老师最开始的设定会像这样发挥作用啊，太有道理了。

树木 我会凭直觉设计那些东西。听你像刚才那样把每一处指出来，我回想起来也觉得是那么回事，但是在拍摄现场，我不会那么讲逻辑的。不过你能把这些心思一一拣出来我也是非常感激的。只有假牙那次是提前打了招呼，告诉你“我摘一下试试看”，不然把你吓到就不好了。

是枝 说起肉体元素，您还做了一件让我特别佩服的事情。在夏天海边的那场戏里，您有个往小腿上撒沙子的动作。我自己都忘光了，其实撒沙子本身是剧本里写了的。

树木 嗯，写了的。

是枝 而且您一边撒一边说，“哇，好大的斑”。我并没有写这句台词。而且这是一句和您自己的身体有关的台词，对吧？如果按我在剧本里写的，只往脚上撒沙子，未免会有点感伤，而多亏您加的那句“哇，好大的斑”，才让这一幕不至于过分寡淡。

树木　我说你啊，又不是绫濑遥在往脚上撒沙子。我是后期高龄者[①]，所以才说“哇，好大的斑”啊。

是枝　不，我是觉得这句话很妙啊。您帮忙弥补了我剧本的不足。

树木　是吗？我搞的破坏也不少吧（笑）。

是枝　瞧您说的。和您聊过之后，我更加深切地体会到，您果然会在看待电影整体的时候非常严格地审视它还缺什么，思考针对这一点有什么是自己做得了的，又有什么是做不了的。您也会将这种严格的视线投向自己，投向导演。所以每次跟您合作，我都得狠下决心。因为您还会指出剧本不到位的地方呀。不过能在写剧本的阶段得到您直截了当的指点，对我来说也是一桩幸事。

树木　不过导演肯定很郁闷吧。

是枝　怎么会呢。

树木　那是因为你能力强呀。

是枝　不过能以这样的关系为基础制作电影也是很有趣的呀。比如听到您突然说出口的台词，我就会去琢磨您为什么要在这个场景下说“真漂亮呀”，然后接着往下写。虽然我不会在片场跟您确认这些。

树木　嗯，在片场的确不会谈这些。

---

① 指七十五岁以上的老年人。

是枝 而且我要是问了，您搞不好会说："你连这个都想不明白啊？"（笑）

树木 这么没礼貌的话我是不会说的啦。

前些天，电影的发行公司GAGA联系我说，我因为演了《比海更深》里的母亲被评为波士顿Chlotrudis独立电影奖的最佳女配角。我没当回事，就说："哦，是吗。"结果女儿告诉我："妈妈，这里写了几个拿到提名的演员的名字，这个人不是今年的奥斯卡最佳女配角嘛。人家没把奖颁给她，却颁给了你呢！"我就说："那我岂不是很厉害？"（笑）人到晚年，都快糊涂了，却在机缘巧合之下有幸遇见这么好的导演，导演又像这样认准了我，这让我由衷地感激。不过这是我最后一次演你的电影啦。

是枝 那可不行啊（笑）。快别这么说了，今后也请您多多关照。

4月9日，虽然《小偷家族》尚未完成，但戛纳国际电影节的代表看过剪辑中的影片便给我捎来了"入选竞赛单元"的好消息。我立刻联系了也哉子女士。我很担心希林老师的身体，不知她到了5月还有没有坐飞机去法国的体力，所以想在通知她本人之前，先跟最能冷静做出判断的也哉子女士商量一下。

"我去问问，不过她大概会说她要去的。"也哉子女士很快回复了我。

4月11日，我跟希林老师通了电话。她说她正要去洛杉矶，心情很好。

"Hi, Mr. Kore-eda..."

喊我的名字时，她给"枝（eda）"加了重音。

"恭喜呀。我刚跟大伙在赤坂的'砂场'吃荞麦面呢。你是不是把运气都用光啦？放心吧，我先去伦敦，然后再跟也哉子一起去戛纳。好期待呀。Mr. Kore-eda。"

我记不清自己第一次跟希林老师提起《小偷家族》是什么时候的事了，不过地点应该就是那家面馆。那天我们隔着餐桌相对而坐，我把简短的剧情大纲递给她看。"那我演吧"——她一反常态，一口答应下来。

制作笔记从2015年6月12日开始，第一页上写了"《小偷家族》"，第二页上贴着一篇报道，讲的是一起发生在大阪的案件，"家长涉嫌指使孩子偷窃钓具"[11]。几页后贴着另一篇报道的复印件，"不正当领取年金：'为了生活费'隐瞒父亲死讯，榨取一千二百万"[12]。这两起案件正是一切的开端。当时我已经有了初步构想，打算请利利先生演用偷来的钓竿钓鱼的父亲，请希林老师演最后被埋在地板下面的祖母。

8月20日，大纲的初稿出炉，十二页A4纸。8月下旬，去神奈川的茅崎馆闭关重写，变成了十八页A4纸。标题为《大声喊出来》。9月，为参加《海街日记》的上映会前往西班牙，在飞机上进一步改写，标题从《大声喊出来》变为《波》。这一版有"祥太想在去海边时，跟大家一起模仿棒球比赛直播里看到的观众台上的人浪"的设定。《比海更深》的最后润饰和《第三度嫌疑人》[13]的调查同步进行。2017年春，等《第三度嫌疑人》完成后，正式进入筹备阶段。

5月13日至14日，儿童演员试镜。25日至26日，“亚纪”（当时还叫“瑞惠”）一角试镜。见了松冈茉优女士，烦恼。她并非我最初设想的“毫无长处的姑娘”，但我想拍拍看。6月4日，为了准备和编剧坂元裕二[14]先生的对谈重看《问题餐厅》[15]。松冈女士在剧中的表演着实出色，促使我下定决心。同步前往福利院进行调查。6月5日，在与利利先生的对谈中告诉他，“这次想拍性爱场景”。

7月29日，与演员们碰面。在东宝摄影棚中庭拍“全家福”。希林老师表示“想把假牙摘了表演”。同时，她也提出了疑问：“没看出那个家里有（像松冈女士）那么漂亮的姑娘存在的必然性。”看来希林老师以为我不顾角色，只想着把自己喜欢的姑娘安排进来。她嘟囔道：“所以才说男人不行啊……”必须打消她的怀疑，不然就太委屈松冈女士了。

10月29日，在从洛杉矶回东京的飞机上想到亚纪的设定可以改成“抛弃了初枝（希林老师饰）的前夫的孙女”。补充亚纪的故事汇入那个“家庭”的剧情。11月7日，受西川美和指点，强化了剧情的纵轴——祥太在粗点心店听到“别让你妹妹干啊”，心中萌生出负罪感，对阿治（利利先生饰）的绝对信赖开始瓦解。砂田麻美[16]导演也发来感想，表示可能需要一条“全家朝着某个大的目的（犯罪）采取行动”的剧情线。她说的也有道理。但我不

2017 年 7 月 29 日。第一次碰面后，摄于东宝摄影棚。

想写成那样。警方也是那么想的。那家人肯定有某种“企图”或“目的”。然而，并没有那样的东西存在。这是“我们”无法理解的。我决定那样写。

12月2日，试装。希林老师看了剧本，在傍晚打来电话。关于亚纪父母家的设定，她表示：“那种幸福的家庭（前夫儿子的家庭）怎么会培养出那样的姑娘（亚纪）呢，我实在想不通……我理解你是想让初枝的形象更丰满，但我觉得她只要孤独寂寞就够了。那样的人有的是啊……”听到这番话，我反而想到了新的设定：亚纪有个出色的妹妹，还拉着亚纪放弃了的小提琴，亚纪在风俗店用的花名就是妹妹的名字。

12月15日，冬季篇开机。从阿治的工地场景拍起。利利先生其实是个运动神经很发达的人，所以演起迟钝笨拙的男人反而有模有样，完美呈现了阿治的“不中用感”。至于松冈女士，希林老师曾一度对她的存在抱有疑问，嘟囔着：“为什么这么可爱的姑娘……”但她毫不畏缩，中场休息的时候也坐在希林老师旁边，用自己试镜屡战屡败的往事主动搭话，聊得火热。我心想：“被她牢牢抓住了。”12月28日，拍摄希林老师和松冈女士在甜品店的戏。希林老师即兴发挥，把嚼过的年糕放进松冈女士的碗里，松冈女士的应对也很精彩。当晚剪辑后，我用LINE把希林老师的画面发给松冈女士，得到了非常可靠的回复：“希望有朝一日，我也能带着这样的说服力出现在镜头里。”

希林老师起初吐槽过松冈女士的长相：“你这张脸好难记啊。在别的片场碰见了，我肯定也认不出来。”而松冈女士回答：“可不是嘛，老有人这么说呢。”后来就变成了：“你拍了好多广告啊。”“嗯，托您的福。”“肯定是因为你的长相没有特征呀。可以演各种各样的角色，很占便宜的。”评价完全逆转了。过了元旦，开始棚拍之后，希林老师的提问更是多了几分亲切。“我说你啊……如果要整容的话，你想整哪儿？我要整鼻子。”这下应该没问题了，我总算松了口气。

2018年1月27日，杀青。立刻动手剪辑，耗时一个月，仅仅是平时的一半。于是杀青才两个多月，《小偷家族》就大功告成了。虽然当时并没有预见到希林老师的病情发展，但是从结果看，我也许应该庆幸自己加紧完成了这部作品。

在戛纳国际电影节亮相的希林老师看起来比一个半月前消瘦了许多，连走路都很吃力。虽然如此，她还是来参加了。我既感激，又夹在“总算赶上了……”和“是不是太难为人了啊……”这两种心情之间，备受煎熬。

在记者招待会上，有人举手向希林老师提问。“您觉得为什么日本的导演都想跟您合作呢？”

“嘿……我可不知道。”

希林老师大概也有些难为情，说完这句便撂下话筒，仿佛在说：“好，说完了。”于是我接过话筒，讲了讲为什么要请她参演，讲了讲导演有她这样的演员是何等幸运。讲着讲着，我感觉到并排坐着的松冈女士哭了出来。看到希林老师的模样，她肯定也猜到了病情的恶化情况。但我觉得，她流泪的原因不单单是这一点。那是感性而敏感的她才会流下的泪水。在那一刻，我打从心底里庆幸自己请她演了亚纪这个角色。

我与希林老师挽着手，一起走了红地毯。可我的心情与享受、愉悦毫不沾边。希林老师的手紧紧抓着我的胳膊，显得十分吃力，仿佛那就是她的依靠。可千万别摔倒……我满脑子都是这个念头。

2010年，在《奇迹》开拍的前一天，我在鹿儿岛和希林老师一起吃了顿饭。隔着桌子面对面坐下之后，希林老师竟掏出了剧本。

"我说你啊……这部电影里，大人可都是配角哦。不用拍什么面部特写。大家都很厉害的，都能用后背表现出情绪。你应该心里有数……"

我心想，到底是希林老师啊。

我也知道那是以孩子为主角的电影，但大人的选角太过顺利，完全实现了当初的设想，所以我的确冒出了这样的念头：是不是给每个人拍一两个特写，安排些能让他们大展身手的戏份和台词比较好呢？……

"好险好险……"

我连忙刹车，改回最初的构想。其实开拍之后，最让我惊讶的是桥爪功老师的表演。

"我什么都不会做哦……"

CANNES
FESTIVAL DE CANNES
71e FESTIVAL
INTERNATIONAL
DU FILM
8 — 19 mai 2018

面对镜头，他如此说道，抬起嘴角微微一笑。开拍后，他真的什么都没做。不光什么都没做，甚至没有要动的意思。他想通过自己的不动反衬做了许多动作的妻子（希林老师饰），还有不知停歇的孩子们，形成鲜明的对比。放眼作品整体，弄清自己该如何表演，又该置身于何处，桥爪老师对待表演的态度与希林老师完全一样。我感觉自己总算明白了两位老师关系融洽的原因所在。

离开餐厅之后，希林老师抓着我的手臂，缓缓迈开步子。她好像在鹿儿岛的医院做了几天重离子线治疗，说着“身体好累啊”。在回酒店的路上，我们聊起了裕也老师。当时他的男女关系问题正是 wide show 议论的焦点。

“哎，作为男人，你怎么看？”“这次我都有点受不了了，真想开个记者招待会，给他都抖出来……”

“哎呀，这样啊……记者招待会啊……”

“还不是因为他一直在骗我嘛……”

聊着聊着，我觉察到希林老师逐渐恢复了生气。到头来，她还是没开记者招待会。说实话，我松了口气。

戛纳的正式上映会结束后，放映厅亮起灯光，观众们起身鼓掌。拍手时间的长度有时会被当作影片的宣传点，所以宣传方想尽可能把时间拉长。电影节的总监也在一旁听着掌声。他判断掌声好像还要持续一段时间，就立刻拦住准备离席的我们，还用骇人的眼神瞪着我们说，“STAY”。

然而在这种情况下，希林老师是这么想的："不立刻走人，就会显得自己贪恋掌声似的，很不体面。"

我被夹在这两种想法之间，不得不找准迈开腿的时机。不管在别人看来如何，反正我那时根本没有闲情逸致去感动。

不过，就在向鼓掌的观众们挥手致意、低头鞠躬的时候，我发现了在观众席上抹眼泪的也哉子女士和安藤女士的母亲安藤和津[17]老师。"啊……能把这两对母女带到这里，真是太好了……"这个偏离正题的插曲湿润了我的眼眶。

6月9日，我在电影上映首日的观众见面会上再一次见到了希林老师。她整个人又小了一圈。除了登台的片刻，她一直坐在轮椅上。仿佛她想尽可能少动，免得消耗能量似的。虽然如此，她在致辞的时候张口就说"今天是摇滚日"，把"69"往谐音的"摇滚"上靠，引得台下大笑，还想把来做庆功蛋糕的铠塚先生介绍给松冈女士，时刻发挥着她所特有的幽默感。

我在悼词里也写了，那天临别时，轮椅上的她对我如此说道：

"忘了我这个老婆子，把你的时间用在年轻人身上。我不会再和你见面了。"

6月24日，我为了筹备新作前往巴黎。我与希林老师通过几次电话，但她说到做到，就是不肯见我。我只得着手准备计划在10月开机的新作。

8月14日，也哉子女士发来邮件，告诉我希林老师因为大腿骨骨折住院了。19日，她又发来消息说手术预后不良，情况相当严峻。我在不确定能否见到老师的情况下决定暂时回国。22日，到头来还是没能见到，只得把信投进希林老师家的邮箱。23日，我回到了巴黎。

9月15日早晨，我接到希林老师去世的消息，再次回国。一落地便赶去参加守灵会。“在戛纳拿了奖，都还没亲口向她道喜……”我在玄关口与也哉子女士拥抱，又和刚从纽约赶回来的伽罗聊了几句。在桌边落座后，本木先生有些担心我，主动跟我搭话。

“真的不用再见是枝导演一面吗？”本木先生问过希林老师。第一遍的时候，她回答：

“不用。已经道过别了，我见得也够多啦。想见他的人太多，还是把时间留给年轻人吧……”

后来本木先生又问：“真不见了吗？”

希林老师是这么回答的：

“不光美代[18]，也让导演好好看看我走向死亡的模样，对他自然是有好处的，但见不到不也会留下感慨嘛……况且（凯瑟琳·）德纳芙[19]要是演得很好，那多讨厌啊……所以我要小小地刁难他一下啦（笑）。”

本木先生回忆起那时的光景，讶异地说：“我当时就想，虽说是在开玩笑，可真没料到原来她也会讲出这种普普通通的嫉妒的话来……”

听到这番话，我好像稍稍想通了，心中甚至生出了几分不合时宜的欣喜。

“是这样啊……原来她是在嫉妒啊……”

守灵会结束后的归途上，只有我一个人。意识到9月15日也是我母亲的忌日，我流下了泪水。

9月24日，我参加了两年前与希林老师一起去过的圣塞巴斯蒂安电影节，有幸获得终身成就奖这一大奖。有利利先生的陪伴，心里踏实多了。在颁奖礼会场的舞台侧面等候出场的时候，灯光突然熄灭，介绍我职业生涯的短片开始播放。从《幻之光》[20]到《小偷家族》，十三部电影的集锦镜头，配上World's End Girlfriend的《空气人偶》[21]主题曲与吉野弘[22]老师的诗作《生命》[23]。“生命/弗自难圆/宛若他成……”当裴斗娜[24]女士朗诵的这首歌颂生命与生命环环相扣的诗歌同希林老师的画面重合时，我清楚地意识到，“啊……希林老师已经不在了啊”。虽然如此，她还是能像这样永远地活在电影中。我仰起头，却不是为了忍住泪水。

原书注释

[1] —— **安藤樱**

演员。1986 年生于东京都。演员奥田瑛二、散文家安藤和津的次女。姐姐是电影导演安藤桃子。2007 年，在父亲奥田瑛二导演的电影《风的外侧》中首次担任主演。代表作有《爱的曝光》《家族的国度》《百元之恋》等，在 NHK 晨间剧《万福》中饰演女主角。

[2] —— **《有熊谷守一在的地方》**

冲田修一导演的电影，2018 年上映。主人公为九十七岁去世前始终活跃在第一线的画家熊谷守一，以虚构手法描写了他晚年的某一日。

[3] —— **熊谷守一**

画家。1880 年生于岐阜县。1900 年进入东京美术学校。1915 年起长年入选二科展，人称“画坛仙人”。1922 年，与大江秀子结婚。人生的最后二十年几乎足不出户，晚上在画室作画数小时，白天则在自家的院子里度过。1977 年去世。

[4] —— **泷泽修**

演员、戏剧导演。1906 年生于东京。在筑地小剧场见习期间首次登台。战后与宇野重吉等人创设剧团民艺，担任代表。代表作有《炎之人》《推销员之死》《海鸥》《一个叫奥托的日本人》《疯子与天才》等。七十年代开始从事导演工作，执导了《其妹》《安妮日记》等作品。2000 年去世。

[5] —— **宇野重吉**

演员、戏剧导演、电影导演。1914 年生于福井县。与泷泽修一同创设剧团民艺，参演《深渊》《海鸥》《等待戈多》《夕鹤》等舞台剧。参演的电影主要有《爱妻物语》《第五福龙丸》《金环蚀》等，导演的电影有《病妻物语》《硫磺岛》等。长子是演员、音乐人寺尾聪。1988 年去世。

[6] —— **《人体：神秘的巨大网络》**

NHK Special 大型特别企划，于 2017 年 9 月开播的纪实特别节目。主持人为森田一义与山中伸弥。

[7] —— **山中伸弥**

医学家、京都大学 iPS 细胞研究所所长与教授。1962 年生于大阪府。从神户大学医学部毕业后，成为国立大阪医院整形外科临床住院医师。大阪市立大学博士毕业后前往加利福尼亚大学旧金山分校格拉德斯通研究所，着手研究 iPS 细胞。2012

年因“发现成熟细胞可被重编程为多功能细胞”，与约翰·格登共同获得诺贝尔生理学或医学奖。

[8]——**松冈茉优**
演员。1995年生于东京都。八岁进入事务所。2008年担任东京电视台“早安演播室”节目的“早安女孩”。2013年出演NHK晨间剧《海女》，为全国观众所熟知。2017年首次主演电影《不想恋爱》。参演的作品有《听说桐岛要退部》、《流浪者年代记》《花牌情缘》等。

[9]——**佐佐木美雪**
演员。2011年生。参演的电影有《便利屋挽歌》《小偷家族》。也出演过三泽房屋、亚马逊等品牌的广告。

[10]——**城桧吏**
演员。2006年生于东京都。七岁被星探发掘，开始演艺活动。参演的电影有《邻座的怪同学》《小偷家族》。2018年在NHK大河剧《西乡殿》中饰演少年时代的西乡菊次郎。

[11]——**家长涉嫌指使孩子偷窃钓具**
2015年3月，在大阪府吹田市的一家钓具店，父亲（三十六岁）与母亲（三十三岁）指使上小学和初中的长子（十四岁）、次子（十二岁）和长女（九岁）偷窃钓具套装，涉嫌盗窃被捕。父母声称“是孩子自作主张”，但警方通过调查，在手机中找到了父母向孩子下达指示的邮件。警方还查到父亲的职业为防水工，每月有约四十万日元的收入，却不正当领取生活保护费。一家人喜爱钓鱼，在大阪北摄地区的钓具店多次作案。每次被发现，父母都会当着店员的面训斥孩子，赔礼道歉，以此逃避通报与逮捕。

[12]——**不正当领取年金**
2010年7月15日，东京都足立区的民宅发现一具男性遗体。按户籍登记的信息，死者为“一百一十一岁”。8月27日，死者的长女（八十一岁，无业）与外孙（五十三岁，无业）因涉嫌诈骗被捕。两人假装死者仍然活着，从公立学校互助会（东京千代田）领取遗族共济年金约九百一十五万日元。

[13]——**《第三度嫌疑人》**
是枝裕和的第十二部电影，2017年9月上映。律师站在辩护人的角度探究杀人犯内心深处的真实想法、设想出截然不同的真相的法庭悬疑片。福山雅治、役所广司主演。

[14] —— **坂元裕二**
编剧、剧作家。1967年生于大阪府。十九岁时赢得第一届富士电视Young Scenario大奖，作为编剧出道。以1991年的《东京爱情故事》为起点，先后创作了《最后的圣诞节》《最完美的离婚》《女人》《母亲》等关注度极高的作品。2008年凭借《我们的教科书》获向田邦子奖。2011年凭借《尽管如此也要活下去》获艺术选奖新人奖（广播部门）。是枝与坂元的对谈收录于是枝裕和对谈集《思考世界与当下1》。

[15] —— **《问题餐厅》**
2015年于富士电视台"周四剧场"播出的电视剧。松冈茉优在剧中表现精彩，饰演患有重度恐人症的主厨，时刻穿着连帽衫。

[16] —— **砂田麻美**
电影导演、小说家。1978年生于东京都。从庆应义塾大学综合政策学部毕业后，作为自由导演助手加入河濑直美、岩井俊二、是枝裕和的摄制组。2011年凭纪录片《临终笔记》作为导演出道。2013年，以吉卜力为题材的《梦与狂想的王国》上映。2019年负责电视剧《润一》的剧本。系列短篇集《一瞬的云罅》被选为2016年《书的杂志》上半年最佳作品。

[17] —— **安藤和津**
散文家、电视艺人、前CNN主播。1948年生于东京都。祖父是前首相犬养毅。曾就读于上智大学文学部，中途退学。在英国留学两年后，于1979年和演员奥田瑛二结婚。长女是电影导演安藤桃子，次女是演员安藤樱。

[18] —— **美代**
指浅田美代子。

[19] —— **凯瑟琳·德纳芙**
演员。1943年生于巴黎。十多岁时开始参演电影。1964年因电影《瑟堡的雨伞》大热，成为世界级影星。1992年凭借《印度支那》获奥斯卡最佳女主角提名。代表作有《柳媚花娇》《白日美人》《最后一班地铁》《五克拉的爱情》《黑暗中的舞者》《八美图》等。主演是枝最新作品《真相》。

[20] —— **《幻之光》**
是枝裕和的首部电影，1995年12月上映。改编自宫本辉的同名小说。以平静的视线描写妻子在丈夫莫名

自杀后消化哀伤的过程。江角真纪子主演。其他参演者有浅野忠信、内藤刚志等。获威尼斯国际电影节金奥赛拉奖。

[21] ——**《空气人偶》**

是枝裕和的第八部电影，2009年9月上映。讲述充气娃娃爱上人类的故事，改编自业田良家的杰作短篇漫画《Gouda哲学堂：空气人偶》的标题作，是枝撰写剧本。裴斗娜主演。其他参演者有板尾创路、ARATA（现名井浦新）等。

[22] ——**吉野弘**

诗人。1926年生于山形县。从商业高中毕业后入职帝国石油。战后肺结核疗养期间开始作诗。1952年向《诗学》投稿。1957年个人发行诗集《消息》。代表作有诗集《10瓦的太阳》《沐浴阳光》《梦霞》《生命》《两人若要和睦》，随笔《日本爱之诗》《劝诗篇：诗和语言的通道》等。2014年去世。

[23] ——**《生命》**

收录于1999年由角川春树事务所发行的《吉野弘诗集》。电影《步履不停》的上映会在仙台市举办后，该市的一位教师将这首诗发给是枝，说“我觉得它很接近您电影所描写的世界观”。诗中有一句“生命 / 弗自难圆 / 宛若他成”，与《空气人偶》的世界观相吻合，故在征得吉野同意后用于电影中。

[24] ——**裴斗娜**

演员。1979年生于首尔。汉阳大学戏剧电影科肄业。做过模特、电视艺人，1999年参演《午夜冤灵》，以演员身份出道。代表作有《绑架门口狗》《我要复仇》《琳达！琳达！琳达》《汉江怪物》《空气人偶》《云图》《道熙呀》《木星上行》《隧道》等。

悼词

附记

守灵会后，再次回到巴黎的我收到了也哉子女士发来的邮件：“能否请您致悼词？”我犹豫再三，最后还是答应了。由于开机在即，我实在无法回国参加告别仪式，只得请桥爪功老师代读。重压之下，我熬了三个晚上，在酒店房间里写完了悼词。其中的内容与本书收录的访谈略有重复，但我还是决定将桥爪老师代读的整篇悼词原原本本地刊登出来。

首先，请允许我为无法亲自来到告别仪式的会场致辞诚挚道歉。各位遗属，还有到场的各位来宾，非常抱歉。我最对不起的就是您了，希林老师。但您也许并不想看到我来到这里，带着哭腔与您告别吧。我甚至能想象出这样一幕景象——见我呆若木鸡，您轻轻揪住我的袖肘，带着顽童般的笑容，跟平时一样盯着我的脸看，说道：

“你啊……又不是家属，要哭丧着脸到什么时候呀。”

字典上说，悼词是“哀悼逝者的文字”。而告别仪式，顾名思义就是“与逝者道别的仪式”。

得知希林老师罹患重病，我便有了这一天终将到来的觉悟，也做了思想准备。可是说句实话，我万万没想到不得不与老师道别的日子竟会来得如此突然，一时间手足无措。我的亲生母亲在很久之前离开了人世，而现在我仿佛第二次失去了母亲一般，陷在哀伤的泥沼之中，难以自拔。对我来说，您的存在就是如此特别。

我与您初次见面是在 2007 年，交情不过十年出头而已。所以我能够谈及的，仅仅是您漫长演员生涯最后的寥寥数页。我这样一个人，真能胜任致悼词的重责吗？我深感惶恐，踌躇再三，却还是答应了下来。

此刻代替我诵读悼词的桥爪功老师与希林老师同年进入文学座研究所。两人以“桥爪”“Chaki”相称，交情深厚。

我曾邀请两位老师在影片中扮演一对夫妻。在拍摄工作之余，我有幸与二位在鹿儿岛共进晚餐。二位你一言我一语，犹如双口相声的对话着实精彩极了。

我们并排坐在吧台，一边吃天妇罗，一边聊着赡养费、整容这种您最爱的话题，笑声不断。期间谈到表演，二位的观点更是犀利无比。五十余年积淀而成的、对彼此的人格和表演的尊敬溢于言表，教我发自内心地羡慕。我便想，要是有朝一日，我也能站在对等的立场和二位进行那样的互动就好了。虽然愿望最终未能实现，但是像这样请桥爪老师代为诵读悼词，竟让我生出一种欣喜的错觉，仿佛自己也稍稍参与了二位的对话。

希林老师与我相差大约二十岁，但说句不怕冒犯的话，我们的关系大概可以用“投契”来概括。最关键的是，我们相遇的时机仿佛也蕴含缘分。2007年，我开始筹备以家母为原型的电影《步履不停》，而希林老师在前一年失去了久世光彦导演这个盟友。

如果久世导演仍然健在，希林老师还会不会选择我作为和自己共同打造作品的导演，并指引我前进呢？——这个疑问时常掠过我的脑海。

久世导演本想把《东京塔》拍成电视剧，却未能实现。而您在电影版中扮演了“老妈”一角。鉴于存在这样的来龙去脉，我也能感觉到其中未尽的“心愿”。当然，在您眼中，我的影子从未与久世导演的身姿重合，但我总觉得自己或多或少继承了您和久世导演之间确确实实存在过的、并且曾一度中断的“缘分”。

其实我并不清楚希林老师对我青睐有加的理由。也许这跟我从电视界起步，在电影界没有可以仰仗的师长有关。您可怜我孤苦伶仃，这才对我格外关照。

所以每次有电影上映，您都不打电话给我，而是直接联系制片人打听票房，担心上座率不理想。得到肯定的答复，您便说：“那下一部就有得拍啦。太好了，太好了……”您就像一位慈母，时刻惦念着不成器的儿子。这样的问询电话，一直持续到我最新一部作品上映。

希林老师带我吃过各种美味佳肴。

还记得您一进店门就对主厨发号施令：“我想把套餐里每道菜都尝一遍，但分量要减半。”到了寿司馆，您又给师傅出难题：“可有可无凑数的就省了吧，从最好吃的开始，上一半就行。”聊起和森繁久弥老师、渥美清老师、久世光彦导演的回忆，您又会惟妙惟肖地模仿每一个人的小动作和口吻，为我再现场景。独享这些宝贵的逸事是何等幸运，我能做的不过是随声附和。离开餐馆后，您会问我：“你猜刚才多少钱？”又会像恶作剧的孩子一般笑着说：“便宜吧？所以我专挑中午去。晚上可贵啦……”在那样的场合显露的庶民面孔，同样充满魅力。

与您共度的时光本就非常愉快，但我也许是想借助和您的相伴，来弥补为人子却没能在人生中抽出时间陪伴生母的悔恨，满足那渴望从头来过却不可能实现的心愿。这些心思我从未说出口，但希林老师向来观察力敏锐，肯定打从一开始就瞧出来了吧。通过在制作电影的过程中将希林老师看成自己的母亲，和老师一同进餐交谈，我的丧母之痛渐渐得到了平复。然而伤痛尚未彻底平复，我又失去了另一位母亲，又要开始平复新的伤痛了。

刚才我斗胆用“投契”二字概括希林老师与自己的关系。不过我们的价值观当然不是完全一致的。还记得有一次，我们聊起了自己喜欢的编剧。听到我不假思索地报出向田邦子老师的名字，您一反常态，立刻绷起脸，直直地盯着我的脸问：“嗬，有趣在哪里啊？”当希林老师用“嗬，有趣在哪里啊？”“嗬，为什么啊？”之类的问题发起攻击时，能否给出有说服力的回答，将会直接决定希林老师对那个人的评价。

我直冒冷汗，分析起向田剧本的魅力。您却说：“啊……是我们不再合作之后的作品呢……”在这短短的一句话里，有着释然与寂寞交织的不可思议的回响。

我能站在自己的角度想象出，您对向田老师的下笔之慢束手无策，却也有着和久世导演一起在电视上尽情玩耍过的骄傲，以及您对向田老师得病后转向严肃的电视剧、转向文学这件事做何感想。

电视和广告都是播完便会消失的东西。也许正是这份不留任何痕迹的痛快，和您不拘一格的潇洒哲学格外“投契”吧。

2005 年，您患上了和向田老师一样的病。自那时起，您将工作的重心转移到了会“留存下来”的电影。也从以背景演员的身份塑造独特印象，变成了饰演肩负整部作品的角色，包括主角。我从未直接问过您的心境发生了怎样的变化，却也紧跟着您变化的脚步，邀请您参演我的电影。

然而我有时也会担心，遇上我、和我共同创作会不会夺走您举手投足中的那一缕“轻快”呢？那可是您的魅力所在。不过我应该是杞人忧天了。

您明明说过“我已经没有体力再拍电视连续剧啦”，可是wide show、烟花大会的直播节目一旦发出邀约，您都会欣然答应。我问您为什么，您是这么回答：“我在测试自己作为一个艺人，在当下的时代能有多少意义和价值啦。”

您的轻快，以及不刻意摒弃“杂味”的态度，在电视界出身的我眼里也是一种巨大的魅力。

所以当您的讣告在新闻中传播，听到各种各样的人将您称为“女演员”“巨星级女演员”的时候，我感觉到了一丝别扭。

我甚至觉得，这样反而把您说狭隘了。想必您也有同感吧。

“我没那么机灵的……”

“我的演技‘抽屉’没那么多……”

这就是您对“演员树木希林”的自我评价。拒绝邀约的时候，您也常把这些话挂在嘴边。好比筹拍《比海更深》的时候，您带着一度收下的剧本来到我的办公室，一遍遍重复这两句话推辞。

就这样，一个说“我演不了”，另一个说“非您不可”，剧本在桌上来来回回了一个小时之久。

然而一旦开拍，您便竭尽全力为角色注入生命，教人完全察觉不出当初的犹豫。在休息室换好衣服，跪坐在团地的窗边，全神贯注地背着台词……一如新人演员的勤奋模样，至今历历在目。

而在去年春天，我邀请您加盟《小偷家族》的时候，剧本还没写好，您却一口答应。我早已做好您会拒绝的思想准备，所以松了口气，却也感到不解。

后来，拍摄工作顺利完成。3 月 30 日，您来到办公室，给我看了您的 PET 片子。显示癌细胞转移的小黑点竟已布满您全身的骨骼。

医生说，您怕是撑不到明年了。您对我说：“就是这么回事，这部电影果然成了我们的最后一次合作呀。”

我知道“那个时刻”已在不远处，却没想到一眨眼的工夫，它就来到了我跟前。一时间，我不禁语塞。

我后悔让您演了一个在电影中死去的角色。不过我也许早就有所察觉，便邀请了几位想让您认识的演员参演，还轻率地试图在电影中先与您道别。

希林老师之所以接下这个角色，是否也是出于同样的原因呢?

因为在去年 12 月，刚开拍没多久的时候，您就对来采访的记者们说过，“这是我最后一次参与是枝导演的电影”。您肯定是打算等影片制作完毕、6月8日上映之后，就痛痛快快地终结我们两人的关系吧。那天，您抓着我的胳膊，拄着拐杖走上舞台。临别时，您是这么对我说的：

“忘了我这个老婆子，把你的时间用在年轻人身上。我不会再和你见面了。”

而且您说到做到。从第二天起，我数次约您出来喝茶，您却数次拒绝了我。我慌了。因为我还没有像您那样做好思想准备啊。您骨折住院的时候，我明知见不到您，却还是写了一封信，塞进了您家的信箱。信上写的尽是没能当面传达给您的感激，太以自我为中心，真是惭愧极了。

转瞬间，您就离开了我们。

接到消息之后，我急忙回国参加了守灵会。三个月不见的您，浑身散发着一种端庄而沉静的美。

在亲眼见到您的那一刻，我终于明白了。您不见我，其实是对我的体贴。您是不忍心让我深陷在失去您的悲伤中。

我学着电影中那个没有血缘关系的孙女的样子，用指尖触碰您的头发与额头。

然后，我把您在电影中说的最后一句话奉还给了灵柩中的您。

我认为，当一个人死去的时候，这个人的存在就会遍及世间。

失去母亲之后，我反而能从各种事物中，能从街头擦肩而过的陌生人身上发现她的存在。我试图这样想来克服悲伤。

如今，您的家人失去了妻子、母亲、姐姐、祖母。他们的悲伤定不是我们这样的外人所能估量的。

然而今日一别，也意味着您的存在将脱离肉体，遍布世间。我由衷地希望，大家能用这样的方式接受您的离去。

最后，请原谅我再提一件私事。

希林老师，您辞世的 9 月 15 日恰恰也是家母的忌日。在与母亲永别的日子，我又像这样失去了母亲指引我遇见的您。这样的巧合，更使我孤寂难耐。

或许我不该牵强附会，把失去母亲和与您相遇联系在一起。可正因为我想把失去母亲这件事化为作品，才能够遇见您，这一点是千真万确的。

所以这一次，被留下的我也要竭尽全力，将失去您这件事升华成别样的东西。我认为，作为一个在您的人生路上与您结伴行走过片刻的人，这是我的责任。

当初是您把孑然一身的我捡了回去，留在身边倾注爱意呵护。我也觉得，只有这样才算是报答了您的恩情。

最后，请允许我望向您已离去的背影，再重复一遍对灵柩中的您说的最后的话：

希林老师，

感谢您与我相遇。

就此别过。

2018 年 9 月 30 日

是枝裕和

特约稿：四只眼睛

内田也哉子

是枝裕和其人，一如他的眼睛。

若要打比方的话，那双眼睛好似琥珀。色泽就不用说了。琥珀是树脂历经数千万年的岁月石化的产物，也是唯一源自植物的宝石。它散发着温柔的光彩，人称“太阳石”，却也拥有能将昆虫封印在悠久时光中的骇人之处。在这两方面，两者似乎也有共通之处。

还有那罕见的眼神。仿佛凝视陌生事物的幼童，笔直地、专注地，仅仅是看着这个世界。要知道，单纯地看比什么都难。因为大人看东西的时候，总有或多或少的成见，于是便会下意识地从扭曲的角度去看待对象拥有的纯粹。更何况，人一看到不熟知的东西，就会尽可能迅速地在心中做出判断，好让自己安心。然而，他的眼睛永远不会轻易评判，而是选择静静地、单纯地观察。

从被观察者的角度出发，再明亮温柔的眼神，也很容易变成某种恐怖的体验。在是枝导演面前，没有比装模作样更无意义、更滑稽的事情了。只要站在那双眼睛的正对面，你便会寻思自己到底几斤几两，自己说出口的话、身体表现出的动作又有怎样的意义，空虚感随着汗液渗出体外。所以在他面前，你永远只能真实。要么就尽量不加修饰，要么即便话语虚假，也得带着“是否能说出真正的谎言”的心态去与他对峙。

任视野被森罗万象所遮挡，是枝导演的眼睛都一定能笔直地、专注地、仅仅这样持续看着。要不了多久，它们便会升华成是枝裕和的作品，一面映照这个世界的镜子。

树木希林其人，一如她的眼睛。

所谓的“睨视”，即斜视，指看法、想法与一般人不同，偏激。某位韩国影评人曾用这个词形容过树木希林的眼睛。

“她拥有凝视当下的眼睛，也拥有同时凝视过去或未来的眼睛。所以，这位演员很神秘，也很可怕。”

明明盯着眼前的人或事物，心思却飞到了别处——事实上，她时常给旁人留下这样的感觉。殊不知，她像是没在看，却已看见一切。准确得骇人。就连背后的光景，她也许都看得清清楚楚。

孩子是不在乎道理的，只管舒不舒服。还记得我儿子才一岁的时候，每次见到她靠近，都会拼命后退，远离她的视线，高喊：

“外婆，别看我！别看我！！”

当事人却哈哈大笑，用佩服的口吻说道：

“这孩子好厉害呀，知道我在看他呢！”

是枝裕和与树木希林的“四目相交”，堪称“事件”。至少对他们两人而言，变化之大必定足以比肩公历里的公元前和公元后。他们的关系不是挚友、母子，亦非师徒。然而，说三者兼有也未尝不可。

在电影这个平台上邂逅的眼睛和眼睛，如果彼此不契合，便有可能发展成相互憎恶，也有可能遭遇名为死心的静寂降临的不幸。可若能完美交融，便能在恰到好处的紧张感中变得心有灵犀，以“导演之眼”索求的“演员之身”，在创造力的指引下，为名为电影的魔物注入生命。在创造的现场，这般无上幸福难得一遇，可悲可叹。这也从侧面体现出，两人的视点之契合堪称奇迹。

作为导演和演员，两人在十二年里合作了六部电影。他们高度共享了描绘“司空见惯的日常”的困难与必然性，这样的关系是何等稀有。四只眼睛捕捉到了流淌其中的滑稽与哀伤的变幻，有着卓越的一致性。希林本是个极端不求上进的人，她在对作品、导演甚至自己都不抱期望的状态下，当了半个多世纪的演员。这样一个没有理想也没有热情，把“只是按邀约顺序接活罢了”挂在嘴边，也不知是真是假的人，竟在不知不觉中与是枝导演合作了一次又一次。除此之外，又何须多言。

在去世的几星期前，希林把她在国立医院病房里做的梦讲给我听。准确地说，我们是靠笔交流的，因为她当时已经很难开口出声了。

8月22日是向田老师飞机坠落的日子

是久世导演的叔父跳进鸣门海峡的日子。

昨晚　是枝导演跟工作人员一起　把行李箱撂在一边　睡在门口。

唉　我心想他还是来了啊　后来　看到他们在重症监护室　各自睡下　我就放心了。他说他要拍德纳芙跟旧情人见面的咖啡厅　在这儿找外景地　开了记者招待会　还要见几个人。

从外面看，以前那棵七叶树的花开了，好美啊　还有外面的大堂（最要紧的是画面哦）

问题是要用东京都的国立场地　对小池知事、安倍首相不理不睬——

又被人挑毛病可就麻烦啦——

那段时间，是枝导演为了筹备凯瑟琳·德纳芙主演的新作在巴黎和东京之间来回奔波。但他还是挂念着情况不佳的希林，多次提出想见她一面。可我每次转达，她都默默摇头。事实上，在《小偷家族》于戛纳国际电影节获得金棕榈奖，是枝导演得到全世界祝福的时候，她曾亲口对导演这样说：

“忘了我这个老婆子，把你的时间用在年轻人身上。我不会再和你见面了。”

听到医生明确告知自己还能活多久，并切实感觉到体力正在衰退时，希林做的第一件事便是“抽身”。而且越是她珍视的东西，道别越是干脆。身外物早已整理妥当，墓地也早就安排好了。在人际关系方面，她用非常单方面的形式表达了“道谢”“道歉”与“道别”。就连对分居四十余年的丈夫内田裕也，她也是某天在电话里道别的。没有比这更能体现树木希林其人的逸事了。说干就干，不管对方怎么想，都要画上自己的句号。这样的姿态，正是原原本本的她。

有时候，希林会如此说起是枝导演。

“在拍摄现场的是枝导演啊，反正就是一副很高兴的样子。就好像拍电影是一件特别特别开心的事情似的。演员从小孩子到老年人都有，总不可能事事顺心呀。可他从不发火，特别有耐心，认认真真，毫不马虎，对谁都一视同仁，在享受表演的同时制作电影。真希望每个演员都能体验一下这种导演的现场啊。”

生在这个世界上，能邂逅天职的人怕是不多。而这两位毫无疑问是带着“导演”与“演员”的使命降生的。他们奇迹般地生在同一个国度，虽然时期稍有错位，却也活在同一个时代，成了能够相互感应的盟友。如今，盟友已不在人世。作为两人身边的旁观者，作为树木希林的家人，这一回轮到我对是枝导演说了：

“是枝导演，感谢您，遇见了我的母亲。”

结语

“啊，真可怕。真讨厌留下来啊。”

2016年3月14日，为*SWITCH*的特辑《和树木希林在一起》做访谈的时候，希林老师一看到放在桌上的录音笔便来了这么一句。我劝她说，访谈是刊登在月刊杂志上的，不会一直摆在书店里，好说歹说她才答应。

希林老师原本就常说，电视跟广告好就好在不会留存下来。她爱极了这份播完就消失的痛快。也许正因为如此，她才能尽情玩耍。“演员是我的‘假面目’。置身于‘艺人’这个范畴里，反而更像我自己。”——如果这是希林老师的肺腑之言，那就意味着“我并没有值得流传给后人的表演论”恐怕也并非谎话。

然而在前文提到的《风与摇滚》中，她也说过：

“要是我死了，讲述者就只剩下浅田美代子了呀……”

她的语气当然是很亲切的，但终究是表明了“担忧”，还说她有自己动笔写点什么的想法。箭内先生问：“您已经开始写了吗？”

她却回答：

“不，一行都没写呢。”

在场的所有人都笑了。

我们没能如愿拜读她亲笔写下的文章。那就至少像这样，把希林老师围绕表演的“话语”用文字形式保留下来，变成书本而非杂志，摆上书架吧。还请老师原谅我自作主张。

同时，我想借此机会，感谢 *SWITCH* 的新井敏记总编、槙野友人先生、撰稿人堀香织女士大力促成了本书的出版。这成了一本对我自己具有重大意义的书。

同样感谢内田也哉子女士为本书贡献了如此精彩的文章。身为散文家，也哉子女士本人也有一双犀利而温柔的“眼睛”。能在她文字的世界与希林老师相伴，我深感荣幸。

悼词以外，在近一年时间里，我严守对希林老师的承诺，拒绝了所有委托我做“讲述者”的采访，无论是电视还是杂志（其实说到底还是因为我把该说的都写在了悼词里）。所以我把这本将在老师去世一周年之际出版的书看成曾一度中断的“康复过程”的一部分，以自己的方式投入了它的编撰工作。

在法国拍摄的电影终于在昨天完成。借用希林老师的话，今后我必须尽力接受希林老师缺席的现实，继续迈进，不能患上“希林老师依赖症”。

所爱的人已经不在此处，伸手无法触及。可正因为如此，这样的缺席才让我心怀思恋。我觉得，拥有不幸的天性，以“思恋”为生计的人大概注定要成为创作者。从这个角度看，也许这本书对我而言，就是一封已经不可能寄达的“情书”吧。

2019 年 7 月 14 日

是枝裕和

照片

是枝裕和（第 105、108、131、243、247 页）

川内伦子（封面；彩插 1-3；第 78、116、140、173 页）

新津保建秀（彩插 4-5；第 99 页）

本间孝志（彩插 6；第 49 页）

宫本武（彩插 7；第 4 页）

泷本干也（彩插 8；第 24 页）

高柳悟（第 235 页）

TAKA MAYUMI（第 272 页）

附录

与树木希林合作的作品

电影

2008
步履不停

■ 树木希林饰演的角色
横山敏子（主人公横山良多的母亲）

炎炎夏日，横山良多带着妻子由香里和儿子回到老家。那天是十五年前去世的哥哥的忌日。良多不敢坦白自己正处于失业状态，在此时见到父母不过是无尽的煎熬……

©2008《步履不停》制作委员会

【原作 / 导演 / 编剧 / 剪辑】是枝裕和【演员】阿部宽、夏川结衣、YOU、高桥和也、树木希林、原田芳雄、田中祥平等【摄影】山崎裕【灯光】尾下荣治【录音】弦卷裕【美术】矶见俊裕、三松惠子【服装】黑泽和子【音乐】GONTITI【广告美术】葛西薰【企划】安田匡裕【发行】cinequanon【制作】TV MAN UNION、ENGINE FILM、BANDAI VISUAL【时长】114 分钟【上映日期】2008 年 6 月 28 日【获奖情况】圣塞巴斯蒂安国际电影节编剧协会奖、马德普拉塔国际电影节国际竞赛单元最佳影片奖等；树木希林凭本作获报知电影奖最佳女配角奖、南特三大洲电影节最佳女演员奖、电影旬报十佳女配角奖、日本电影蓝丝带奖优秀女配角奖、日本电影学院奖优秀女配角奖等

2011
奇迹

■ 树木希林饰演的角色
大迫秀子（主人公兄弟航一与龙之介的祖母）

因父母离婚分别，六年级的哥哥航一和四年级的弟弟龙之介各自住在鹿儿岛县和福冈县。两人希望有朝一日一家四口能再次生活在一起。听说与九州新干线的头班车擦肩而过时许的愿望会成真，他们开始和朋友制订计划……

©2011《奇迹》制作委员会

【导演 / 编剧 / 剪辑】是枝裕和【演员】前田航基、前田旺志郎、林凌雅、永吉星之介、内田伽罗、桥本环奈、矶边莲登、小田切让、大冢宁宁、树木希林、桥爪功、夏川结衣、原田芳雄等【摄影】山崎裕【灯光】尾下荣治【录音】弦卷裕【美术】三松惠子【发行】GAGA【制作】JR 东日本企划、BANDAI VISUAL、白组等【特别赞助】九州旅客铁道（JR 九州）【时长】128 分钟【上映日期】2011 年 6 月 11 日【获奖情况】圣塞巴斯蒂安国际电影节最佳剧本奖、亚太电影节最佳导演奖等

2013
如父如子

■ 树木希林饰演的角色
石关里子（主人公之妻野野宫绿的母亲）

事业有成的主人公良多在某天突然得知，悉心抚育六年的儿子竟然与自己没有任何血缘关系，一切都始自当年在医院阴差阳错误抱了孩子。该选择血缘，还是积淀的时光。在纠结和苦恼的尽头，两个家庭将做出怎样的抉择……

©2013 富士电视台、AMUSE、GAGA

【导演 / 编剧 / 剪辑】是枝裕和【演员】福山雅治、尾野真千子、真木阳子、利利・弗兰克、二宫庆多、黄升炫、风吹纯、树木希林、夏八木勋等【摄影】泷本干也【灯光】藤井稔恭【录音】弦卷裕【美术】三松惠子【服装】黑泽和子【发行】GAGA【制作】富士电视台、AMUSE、GAGA【时长】120 分钟【上映日期】2013 年 9 月 28 日【获奖情况】戛纳国际电影节评审团奖、圣塞巴斯蒂安国际电影节观众奖、温哥华国际电影节罗杰斯人民选择奖等

2015
海街日记

■树木希林饰演的角色
菊池史代（主人公三姐妹的姨姥姥）

生活在镰仓的香田三姐妹幸、佳乃与千佳突然收到了十五年前离家出走的父亲的死讯。三人前往山形参加葬礼，遇见同父异母的少女浅野铃。得知她无依无靠后，幸提议铃与她们一起生活。于是铃成了香田家的小妹，来到镰仓开始新生活……

©2015 吉田秋生・小学馆 / 富士电视台、小学馆、东宝、GAGA

【导演 / 编剧 / 剪辑】是枝裕和【演员】绫濑遥、长泽雅美、夏帆、广濑铃、大竹忍、堤真一、风吹纯、利利・弗兰克、树木希林等【摄影】泷本干也【灯光】藤井稔恭【录音】弦卷裕【美术】三松惠子【服装】伊藤佐智子【音乐】菅野洋子【食品造型】饭岛奈美【广告美术】森本千绘【原作】吉田秋生《海街日记》（小学馆）【发行】东宝、GAGA【制作】富士电视台、小学馆、东宝、GAGA【时长】126 分钟【上映日期】2015 年 6 月 13 日【获奖情况】圣塞巴斯蒂安国际电影节观众奖，日本电影学院奖最佳影片奖、最佳导演奖、最佳摄影奖、最佳灯光奖等；树木希林凭本作获 TAMA 电影奖最佳女演员奖

2016

比海更深

■ 树木希林饰演的角色

筱田淑子（主人公筱田良多的母亲）

不叫座的小说家良多靠当私家侦探过活，对前妻响子余情未了。某日，良多、响子和十一岁的儿子真悟因台风留宿团地的母亲淑子家，共度风雨交加的夏夜……

©2016 富士电视台、BANDAI VISUAL、AOI Pro.、GAGA

【原著 / 导演 / 编剧 / 剪辑】是枝裕和【演员】阿部宽、真木阳子、小林聪美、利利·弗兰克、池松壮亮、吉泽太阳、桥爪功、树木希林等【摄影】山崎裕【灯光】尾下荣治【录音】弦卷裕【美术】三松惠子【服装】黑泽和子【音乐】Hanaregumi【发行】GAGA【制作】富士电视台、BANDAI VISUAL、AOI Pro.、GAGA【时长】117 分钟【上映日期】2016 年 5 月 21 日【获奖情况】挪威南方电影节银镜奖（最佳影片）、高崎电影节最佳新人男演员奖（吉泽太阳）、波士顿 Chlotrudis 独立电影奖最佳女配角奖（树木希林）

2018

小偷家族

■ 树木希林饰演的角色

柴田初枝（主人公柴田治的母亲）

治与妻子信代、儿子祥太、信代的妹妹亚纪、治的母亲初枝在狭小的平房中生活。一个冬日，治带回在附近团地的走廊冻得发抖的小女孩，把她当作女儿抚养。然而，一件事拆散了这个家庭，每个人心中的秘密和热望也逐一明朗……

©2018 富士电视台、GAGA、AOI Pro.

【导演 / 编剧 / 剪辑】是枝裕和【演员】利利·弗兰克、安藤樱、松冈茉优、池松壮亮、城桧吏、佐佐木美雪、高良健吾、池胁千鹤、树木希林等【摄影】近藤龙人【灯光】藤井勇【录音】富田和彦【美术】三松惠子【服装】黑泽和子【音乐】细野晴臣【发行】GAGA【制作】富士电视台、AOI Pro.、GAGA【时长】120 分钟【上映日期】2018 年 6 月 8 日【获奖情况】戛纳国际电影节金棕榈奖（最高奖项），洛杉矶影评人协会奖最佳外语片奖，凯撒奖最佳外语片奖，奥斯卡最佳外语片提名，日本电影学院奖最佳影片奖、最佳导演奖、最佳剧本奖、最佳女主角（安藤樱）奖等；树木希林凭本作获报知电影奖最佳女配角奖，东京体育电影大奖最佳女配角奖，日本电影学院奖最佳女配角奖，每日电影奖最佳女配角奖

广告

2007
Mizkan

小金豆　超软糯纳豆

是枝担任导演。在“实感·品尝”篇中，树木希林因超软糯纳豆的新口感和美味不禁发出无声的惊叹，大口大口品尝。“实感·搅拌”篇中，她一边嘟囔“我们家孩子，为什么不结婚呢……”一边搅拌纳豆。

【制作】博报堂

2015
伊藤忠商事

“一个商人，无数使命”系列

采用纪录片手法拍摄的系列广告。跟拍伊藤忠商事的员工，选取平时的工作情景、入职仪式、退休仪式等员工的“日常”片段。2015 年至 2016 年由是枝担任总导演。2015 年至 2017 年由树木负责旁白（共九条）。

【制作】SUN-AD

电视

2014
课外辅导，欢迎前辈

透过摄影机邂逅世界
是枝裕和（电影导演）

名人访问母校、进行拓展教学的系列节目中的一集。是枝来到了他就读过三年的母校，即练马区北町小学。拓展课的主题是“透过摄影机邂逅世界”。孩子们将摄影机用作了解“想知道的、不知道的”事物的工具走出学校采访……树木负责旁白。

【播出时间】2014 年 12 月 26 日【电视台】NHK【制作】NHK、TV MAN UNION

■ 初次刊登一览

杂志 *SWITCH*

2008 年 7 月刊　是枝裕和 × 树木希林“注视自己的人”

2015 年 6 月刊　树木希林“在这个错综复杂的世界”（采访者：是枝裕和）

2016 年 6 月刊　树木希林“且玩焉，生于世”（采访者：是枝裕和）

2018 年 6 月刊　树木希林“导演性的表演，对话性的表演”（采访者：是枝裕和）

* 收录进本书时，对各篇的原题做了修改，并对内容进行了大幅添改。

■ 参考文献

井上光晴《明日：1945 年 8 月 8 日，长崎》（集英社，1982）

加藤治子《一个女人》（福武书店，1992）

久世光彦《家之味，城之音——遥想尚有矮桌时》（主妇之友社，2001）

久世光彦《后知后觉：大遗言书》（新潮社，2004）

久世光彦《大遗言书》（新潮社，2003）

久世光彦等《久世塾》（平凡社，2007）

久世光彦《想念》（中央公论社，1994）

久世光彦《陛下》（新潮社，1996）

小林龙雄《久世光彦 vs. 向田邦子》（朝日新闻出版，2009）

斋藤史《直红》（短歌新闻社，1994）

《调查情报》（株式会社东京放送编成考察部，1986 年 9 月刊）

《调查情报》（TBS 媒体综合研究所，2010 年 3 月・4 月刊、 2011 年 11 月・12 月刊）

向田和子《向田邦子的情书》（新潮社，2002）

向田邦子《宛如阿修罗》（大和书房，1981）

向田邦子《父亲的道歉信》（文艺春秋，1978）

向田邦子《寺内贯太郎一家》（产经新闻社出版局，1975）

向田邦子《冬季运动会》（新潮社，1985）

箭内道彦《月刊风与摇滚》特辑“树木希林”（风与摇滚，2007 年 8 月刊、2013 年 4 月刊）

山田太一《今朝之秋：春天前的节日》（大和书房，1989）

■ 是枝裕和

电影导演。1962 年生于东京都。从早稻田大学毕业后进入 TV MAN UNION，主要执导纪实类节目。1995 年凭《幻之光》作为电影导演出道。2004 年，《无人知晓》于戛纳国际电影节获最佳男演员奖（柳乐优弥）。2013 年，《如父如子》获戛纳国际电影节评审团奖。2014 年从 TV MAN UNION 独立，与西川美和、砂田麻美等人成立创作团体“分福”。2016 年，凭在电影及影像制作领域的活动得到的高度评价，获第八届伊丹十三奖。2018 年，《小偷家族》获戛纳国际电影节金棕榈奖（最高奖项）。著有《有如走路的速度》《拍电影时我在想的事》等。最新著作《在这样的下雨天：电影 < 真相 > 二三事》（文艺春秋）于 2019 年 9 月 30 日上市。2019 年 10 月 11 日，日法联合制作的电影《真相》在日本全国上映。

■ 树木希林

演员。1943 年生于东京。1961 年进入文学座附属戏剧研究所，艺名“悠木千帆”。1964 年参演电视剧《七个孙子》，与森繁久弥演绎的风趣对话博得人气。电视剧代表作有《时间到啦》《寺内贯太郎一家》《梦千代日记》等。也曾参演富士胶片一次性相机、味之素“烹大师”等产品的电视广告，成为广受瞩目的个性派演员。1977 年改艺名为“树木希林”。2000 年后在电影领域有活跃表现，出演了大量作品，包括《步履不停》《记我的母亲》。2008 年获紫绶褒章，2014 年获旭日小绶章。2013 年公开“癌症扩散至全身”。丈夫是摇滚歌手内田裕也（2019 年 3 月 17 日去世），女儿是作家、演员内田也哉子，女婿是演员本木雅弘。2018 年 9 月 15 日去世，享年七十五岁。

图书在版编目（CIP）数据

还是得活在日常里啊 / （日）是枝裕和著 ；曹逸冰译．-- 海口 ：南海出版公司，2022.8
ISBN 978-7-5735-0093-9

Ⅰ．①还… Ⅱ．①是… ②曹… Ⅲ．①散文集－日本－现代 Ⅳ．①I313.65

中国版本图书馆CIP数据核字(2022)第007299号

著作权合同登记号 图字：30-2022-025

还是得活在日常里啊
〔日〕是枝裕和 著
曹逸冰 译

出　　版　南海出版公司　(0898)66568511
　　　　　海口市海秀中路51号星华大厦五楼　　邮编 570206
发　　行　新经典发行有限公司
　　　　　电话(010)68423599　　邮箱 editor@readinglife.com
经　　销　新华书店

责任编辑　黄宁群
特邀编辑　李　珊　聂小雨　白　雪
装帧设计　韩　笑
内文制作　田晓波

印　　刷　北京富诚彩色印刷有限公司
开　　本　850毫米×1168毫米　1/32
印　　张　9
字　　数　191千
版　　次　2022年8月第1版
印　　次　2024年12月第4次印刷
书　　号　ISBN 978-7-5735-0093-9
定　　价　68.00元